NOTICE BIOGRAPHIQUE

DE LA

RÉV. MÈRE MARIE SAINT-PAUL

(SIDONIE DE GIVENCHY)

NOTICE BIOGRAPHIQUE

DE LA

RÉV. MÈRE MARIE SAINT-PAUL

(SIDONIE DE GIVENCHY)

SUIVIE D'UNE COURTE NOTICE

SUR LA

RÉV. MÈRE SAINT-JEAN

PARIS
JULES VIC, LIBRAIRE
11, RUE CASSETTE, 11

1879

Toulouse. — Imp. A. Chauvin et Fils, rue des Salenques, 28.

NOTICE BIOGRAPHIQUE

DE LA

RÉV. MÈRE MARIE SAINT-PAUL

(SIDONIE DE GIVENCHY)

PARIS
JULES VIC, LIBRAIRE
11, RUE CASSETTE, 11

1879

L'accueil très sympathique fait aux moindres souvenirs de la Révérende Mère Saint-Paul nous a donné l'idée de réunir quelques traits de sa biographie et d'en composer une notice, particulièrement destinée à sa famille et aux personnes qui ont connu cette bonne et aimable religieuse.

C'est un récit court et simple, qui rappelle son enfance, sa jeunesse, sa vie religieuse toute dévouée à l'œuvre de l'éducation, et spécialement aux élèves du pensionnat, dont elle fut maîtresse générale pendant plus de quinze ans.

Partout ressort le caractère aimable, la simplicité et la bonté de cette chère défunte, dont la mort causa des regrets si sincères, si vifs et si profonds.

Nous avons cru faire plaisir à beaucoup d'anciennes connaissances en mettant comme appendice à cette courte biographie quelques pages d'une seconde notice abrégée, sur la Révérende Mère Saint-Jean, que tant de parents de nos élèves ont vue longtemps, humble et laborieuse, surveillante de nos parloirs, travailler à l'ouvrage le plus modeste, elle très capable et fort instruite! Jamais distraite par le bruit extérieur, elle savait intérieurement s'isoler de tout ce qui l'environnait. A cette fin, elle avait fixé sa cellule religieuse dans l'angle que forme avec le mur la porte du salon d'entrée. C'est là qu'elle fut, pendant de longues années, l'objet d'une constante édification, et que tous les yeux, aux regards desquels cette bonne Mère voulait se dérober, la cherchaient encore lorsqu'il ne nous restait plus que le souvenir de son recueillement et de ses vertus.

NOTICE BIOGRAPHIQUE

DE LA

RÉV. MÈRE MARIE SAINT-PAUL

(SIDONIE DE GIVENCHY)

CHAPITRE PREMIER

Sa famille. — Son enfance.

Sidonie-Rose-Josèphe Taffin de Givenchy appartenait à l'une des familles les plus chrétiennes et les plus distinguées de nos provinces du Nord. M. Louis de Givenchy, son père, à peine âgé de onze ans, dut, en 1792, suivre ses parents sur la terre étrangère, où la fidélilé réunissait à cette triste époque la noblesse française, et mettait au service des princes proscrits le dévouement des bataillons émigrés. Les plus rudes épreuves furent la conséquence de cet héroïsme, demeuré sans succès pour la cause de la royauté. Les arrêtés les plus cruels furent décrétés contre l'aristocratie restée en France ; de plus, la confiscation des biens des émigrés réduisit ces derniers à la plus extrême misère. Ce fut donc à cette école de l'adversité que M. Louis de Givenchy passa son enfance et sa première jeunesse. Il y puisa ces principes d'honneur et de religion auxquels il fut si constamment et si loyalement fidèle. Les ressources de son industrie personnelle et les bienfaits de l'hospitalité ne suffirent pas longtemps aux nécessités de sa famille déjà nombreuse ; aussi de pénibles inquiétudes se faisaient parfois ressentir aux cœurs de ces bons et tendres parents ; mais la Providence répondit toujours à la confiance paternelle, et voici à ce sujet ce que nous rapporte Sidonie dans les souvenirs qui servirent à la notice de sa sainte sœur Césarine.

« Une fois tout manquait, même le pain du jour, dans le modeste asile qui les avait abrités au nombre de douze ; la mère de famille vint avec un visible découragement exposer son embarras au père de ses enfants.

» — La Providence nous a-t-elle jamais manqué ? répondit-il. Soyez tranquille, elle viendra encore à notre secours. — En attendant, dit Mme de Givenchy, comment nourrir tout ce monde ? — Espérons et ayons confiance.

» Le soir même arrivait aux exilés le montant de

1,500 francs acompte d'un emprunt fait à M. de Givenchy avant l'émigration. En remettant à Mme de Givenchy cette somme, énorme pour le temps, le père se contenta de lui dire : — Eh bien ! femme de peu de foi, pourquoi avez-vous douté (1)? »

Rentré en France, après un exil de huit années à Paderborn, M. Louis de Givenchy servit encore dans les armées françaises pendant quelque temps ; puis, en 1810, il épousa Mlle Amélie Gaillard de Blairville, qui joignait à une angélique bonté toutes les qualités d'une femme excellente et de la mère la plus tendre et la plus dévouée.

Dieu bénit cette union chrétienne et les nombreux enfants de cette famille exemplaire marchèrent à l'envi sur les traces de leurs parents. Des trois filles de M. de Givenchy, Césarine, l'aînée et la seconde mère de ses frères et sœurs, enlevée jeune encore (trente-neuf ans), a laissé le souvenir de toutes les vertus ; Sidonie, celle dont nous écrivons la notice, fut choisie spécialement par Notre-Seigneur pour être son épouse, et édifia pendant près de quarante ans notre communauté, dont elle emporta tous les regrets ; enfin la plus jeune, Amélie, élevée dans notre pensionnat comme sa seconde sœur, eut aussi le bonheur de prononcer les vœux

(1) Mémorial des enfants de Marie, *Maison des Oiseaux*.

de la religion en quittant cette terre, après un bien court pèlerinage.

Rien n'est touchant comme le tableau de famille tracé par notre chère Mère Saint-Paul dans un récit où se retrouve tout le charme du naturel et de la simplicité.

Voici deux traits de cette ravissante esquisse, que nous tirons de la notice de Césarine.

« Césarine, étant l'aînée de la famille, fut de bonne heure regardée comme la petite maman de ses frères et sœurs. Bien jeune encore, elle trouvait moyen de les occuper et de les amuser chacun selon son âge. Lorsque, le soir, papa, voulant faire une lecture en famille, réclamait le plus exact silence, maman se contentait de faire un signe à Césarine ; aussitôt celle-ci rangeait son petit monde autour de la table, donnait à l'un des crayons et du papier, à l'autre des couleurs et des images à barbouiller, à un autre un château de cartes à bâtir ; enfin elle les captivait tous, les maintenait de l'œil tout le temps que durait la lecture, de telle sorte que pas un, même les plus petits, n'aurait osé rompre le silence.

» C'était Césarine qui terminait entre nous tous les petits différends, avec tant d'affection, de justice, que nul n'avait l'idée d'en appeler de ses sentences à papa ou à maman ; l'aurions-nous pu, quand toujours elle nous cédait dans les choses indifférentes ?

» Nous étions encore très jeunes l'une et l'autre, lorsque papa nous donna à chacune un paroissien. Césarine, comme l'aînée, en eut un en maroquin rouge, le mien se trouvait violet. Jamais nous n'avions été en possession d'un si beau, d'un si gros livre ; nous le tournions dans tous les sens, nous étions enchantées. Pourtant la couleur sombre du mien me rendait triste ; j'enviais tout bas celui de ma sœur, je le trouvais bien plus joli. Césarine le devina : « Tiens, ma petite sœur, » me dit-elle, « tu aimes mieux mon livre que le tien, prends-le ; moi, je te l'assure, j'aime mieux le violet. » Depuis, en me servant de ce livre, il me fut bien impossible d'oublier ce trait si méritoire dans une enfant. Une autre fois, par sa présence d'esprit, je fus sauvée d'un accident qui eût pu me coûter la vie. En jouant devant une cheminée, le feu prit à ma robe. Césarine entend mes cris, accourt la première, et, me voyant tout enflammée, s'élance sur moi et fait tant, qu'elle éteint le feu. Ma bonne arrive : « Ce n'est rien, » dit Césarine, « elle n'aura aucun mal. » Elle ne pensa même pas à se plaindre de ses pauvres petites mains toutes brûlées. »

L'accident survenu à la petite Sidonie était

sans doute l'effet d'une extrême vivacité qui, dès l'enfance, se manifesta dans son caractère où déjà perçaient plusieurs défauts du premier âge. Sa tendance à l'entêtement la rendait souvent peu docile : rarement elle cédait aux observations et s'opiniâtrait même quelquefois jusqu'à ne vouloir pas laisser le dernier mot aux personnes qui avaient le droit de lui faire des remontrances, et cela uniquement pour protester qu'elle n'avait pas tort. Son père, dans la crainte que ce défaut, grandissant avec elle, n'eût de sérieux inconvénients et ne la rendît très difficile dans son intérieur, la corrigeait sans ménagements, surtout parce qu'elle avait fréquemment recours à de petits mensonges pour soutenir ce qu'elle avançait. Toutefois, comme ce n'était point fausseté, mais seulement ruse d'amour-propre, la petite fille, aussi franche que vive, ne pouvait soutenir longtemps ses contre-vérités et les désavouait toujours loyalement.

Etant toute jeune, elle allait faire ses premières études dans un petit pensionnat de Saint-Omer. Or, à l'occasion d'une solennité, on avait prédestiné Sidonie à l'honneur de porter la bannière processionnelle des petites filles. Pourtant la sagesse ayant fait défaut avant l'heure solennelle, on la priva de la faveur d'être le porte-étendard de Marie. En racontant le fait à sa mère, l'enfant dit affirmativement que c'était sa petite taille qui l'avait fait exclure de cet honneur.

La Mère Saint-Paul rapportait elle-même ce trait comme preuve qu'une enfant très franche peut mentir et qu'il ne faut pas facilement soupçonner en elle le défaut contraire ; « car, » ajoutait-elle, « j'avais à me reprocher d'être plutôt trop franche que pas assez. »

Ainsi que beaucoup d'enfants, elle n'aimait pas le travail de l'étude, et l'application était peu de son goût ; pourtant, douée d'intelligence, de moyens et d'esprit naturel, presque toujours elle réussissait sans se donner de peine.

A huit ans, le 24 mai 1824, elle fut témoin, chez les religieuses ursulines, de la première communion de sa sœur aînée et resta vivement impressionnée du calme et de la ferveur de cette sœur bien-aimée et du bonheur de la précieuse journée qu'elle avait eu le privilège de passer avec elle.

Quant à Sidonie, nous ne savons plus rien de son enfance jusqu'au moment où elle fut envoyée chez les religieuses du Saint-Sacrement à Arras, pour y faire sa première communion.

Après ce grand acte, sur lequel il ne nous est parvenu aucun détail, l'éducation de l'enfant se continua au foyer domestique, sous la direction d'un père et d'une mère modèles, respectés, chéris et parfaitement secondés. Cette vie de famille convenait d'autant mieux à Sidonie, qu'elle était plus conforme à ses goûts et que la nature de son caractère aimable et gai la rendait très agréable à son entourage. La bonté avec laquelle elle traitait les domestiques et ses moindres inférieurs la faisait aimer de chacun. Elle savait s'accommoder aux manières des petites gens; elle les approchait sans la moindre fierté, ne les rebutant jamais, quelque fastidieuses que fussent leurs conversations, et leur rendant même avec condescendance tous les services qui étaient en son pouvoir.

CHAPITRE II.

Sidonie est placée au pensionnat du Couvent des Oiseaux. — Ses résolutions avant son entrée dans le monde. — Avis de la Mère Marie de Jésus.

Cependant les parents de Sidonie jugèrent convenable de l'envoyer à notre pensionnat pour mieux compléter, au moyen de ressources plus nombreuses, ce qui manquait encore à son éducation. Elle accepta cette séparation nécessaire et nous fut confiée à la fin de 1832. Elle se fortifia dans ses études, de bons maîtres lui furent donnés pour ses arts d'agrément, et sa jeune âme s'ouvrit surtout aux leçons de la piété et de la vertu. Malgré les petits défauts inhérents à son âge et à la vivacité de son caractère, Sidonie ne tarda pas à donner toute satisfaction et à révéler déjà, par plusieurs côtés, les tendances de son bon cœur.

Voici à ce sujet un trait conservé dans la mémoire d'une de nos Sœurs et rapporté par elle :

« Un jour, c'était dans les commencements que notre Mère Sophie avait pris des orphelines, Mlle Sidonie en rencontre une au moment du goûter. Aussitôt, elle ôte, pour ainsi dire, une tablette de chocolat de sa bouche et lui dit : « Tiens, petite, mange cela avec ton pain, c'est bien bon ; mais, » ajouta-t-elle, « n'en dis rien, cela n'en vaut pas la peine. » Ce qui nous prouve que déjà à cet âge elle avait compris les délicatesses de la charité. Cette vertu a grandi avec elle et nous sommes unanimes pour dire que nous en avons toutes ressenti les effets. Aussi, nos regrets de la mort de cette bonne Mère dureront ils autant que notre vie et son souvenir ne s'effacera jamais de nos cœurs ! »

Dès le milieu de 1833 elle fut reçue congréganiste des Saints-Anges et cette même année ne se termina pas sans qu'elle obtînt le ruban d'honneur et le titre d'Enfant de Marie dont elle mérita d'être élue préfète, charge pendant laquelle elle ne cessa de témoigner son zèle et son amour pour notre divine Mère. « Jamais, » disait-elle, « la sainte Vierge ne refuse une grâce qu'on lui demande avec ferveur. » Comme exemple à l'appui, elle citait ce qu'elle appelait le miracle de sa réception. « Ayant fait mon premier pas dans la Congrégation le 21 novembre, jour de la Présentation, il paraissait impossible que je fusse reçue pour l'Immaculée Conception de Marie, ma fête de prédilection. En espérant pourtant contre toute espérance je priais de toutes mes forces et je fus exaucée. Le Père directeur des Enfants de Marie fut soudainement appelé à Toulouse et ma réception fut comme le legs de son testament laissé à la Congrégation ; il voulut me recevoir lui-même avant son départ, et je fus seule l'objet d'une cérémonie faite exprès pour mon admission. » A ce fait, qu'elle racontait en toute simplicité, nous devons ajouter ce que sa modestie taisait et ce que nous lisons dans les annales de la Congrégation : « Le jeudi, dans l'octave de l'Immaculée Conception, notre petite famille compta une sœur de plus : Sidonie de G..., une de nos aspirantes, se faisait remarquer depuis son entrée au pensionnat par une conduite exemplaire, qui lui mérita en cinq mois le cordon d'honneur, l'entrée dans l'association des Saints-Anges, le titre d'aspirante des Enfants de Marie et le bonheur d'en faire partie et d'y signaler plus tard son zèle et sa ferveur dans l'exercice de la charge de préfète. »

En 1834, ses parents songeaient à la rappeler auprès d'eux, lorsqu'elle sollicita une prolongation de séjour au couvent; cette demande lui fut accordée, et sa fidélité à profiter de cette grâce lui en mérita peut être une seconde, l'inestimable faveur de la vocation religieuse. Voici la lettre délicieusement paternelle, qu'elle reçut du Père Ronsin au sujet de cette prolongation du temps de son pensionnat :

« Toulouse, 4 décembre 1834.

» A NOTRE BONNE SIDONIE,

» Gloire, amour, dévouement et confiance aux SS. CC. de J. et de M.

» Oui, mon enfant, oui, profitez bien de cette » dernière année, où vous pourrez continuer à » puiser, pour ainsi dire, à la source des grâces, » et même plus abondamment ou du moins plus » efficacement que les précédentes, puisque votre » cœur y est toujours ouvert. Faites vos provisions » de vertus et de résolutions ; tenez un petit jour» nal des bonnes choses dont vous serez le plus

» frappée; vous le relirez plus tard avec consola-» tion et profit spirituel. Les souvenirs d'une jeu-» nesse passée dans l'innocence et les exercices » d'une solide piété sont aussi doux que précieux. » Quel avantage aussi de tenir à la sainte Vierge » par des nœuds si étroits, de compter tant de » ferventes compagnes qui sont pour vous de véri-» tables sœurs en Jésus-Christ et dont quelques-» unes sont déjà en possession du ciel, où elles » vous invitent à aller les joindre. Courage donc » et confiance, ma chère enfant! collez bien votre » cœur à celui de Marie, votre Mère, et priez-la, » conjurez-la de l'enfoncer bien avant dans le » cœur de son divin Fils, afin que jamais il n'en » puisse sortir. L'humilité vous en ouvrira l'en-» trée, la douceur vous y fixera, la pureté et la » charité vous uniront intimement à lui. C'est dans » ces cœurs sacrés que je vous donne, ma chère » enfant, perpétuel rendez-vous. Priez-les pour » moi, tout vôtre en eux. »

Son départ fut donc retardé et définitivement arrêté pour le mois de mai 1835.

Avant de quitter la maison, Sidonie voulut faire une retraite de huit jours. Elle en sortit le 14 mai, date chère aux Enfants de Marie et qui devait être celle de la fin de son pèlerinage sur cette terre.

On a retrouvé, écrit de sa main, le journal

abrégé de cette retraite, dans un petit cahier qui a pour titre : *Précieux souvenir, si je suis fidèle.* Elle commence par une courte prière pour remercier des grâces qu'elle avait reçues pendant ces jours de recueillement, demander pardon de ses fautes passées, promettre à Notre-Seigneur de n'aimer que lui seul et de plutôt mourir que de l'abandonner et de l'offenser. Puis, après s'être recommandée à la sainte Vierge, elle termine ainsi :

« Jésus, Marie, Joseph !

» A genoux en présence de mon Divin Sauveur et sous la protection de Marie, ma Mère, et de mon saint Ange gardien, je forme les résolutions suivantes :

» Je promets, dès mon arrivée dans ma famille, de me faire un règlement journalier, afin de ne jamais perdre de temps.

» Tous les matins, après mes prières quotidiennes, je ferai un quart d'heure de méditation, une demi-heure la veille de mes communions et chaque jour une lecture spirituelle.

» J'entendrai, autant que possible, tous les jours la messe; le dimanche je ne manquerai jamais sans nécessité la grand'messe, les vêpres et j'assisterai avec recueillement aux sermons, saluts, etc.

» Je me confesserai tous les quinze jours exactement, je communierai le plus souvent possible, surtout le premier vendredi de chaque mois et aux fêtes de la sainte Vierge, après m'y être préparée par le recueillement et quelques actes de mortification.

» Je prends la résolution de me conduire en véritable Enfant de Marie, cherchant à imiter ses vertus, à lui gagner des cœurs, ne passant aucun jour sans réciter le chapelet et sans dire quelques mots de cette bonne Mère.

» De faire, à midi et le soir, mon examen particulier, m'imposant une pénitence pour mes manquements.

» De ne jamais commettre un péché véniel de propos délibéré.

» D'obéir en tout promptement, entièrement et dans les plus petites choses à mes parents. D'être prévenante, complaisante pour eux, allant au-devant de tout ce qui pourra leur faire plaisir. De rendre volontiers service à mes frères et sœurs, réprimant mon impatience devant eux et me montrant bonne et douce envers les domestiques.

» De ne pas tenir à mes idées et à mes sentiments ; cédant sans m'excuser, pour travailler sans relâche à déraciner l'*orgueil*, mon défaut dominant.

» De me mortifier pour la nourriture et de

m'imposer quelques privations, afin de donner davantage aux pauvres ; faisant tout mon possible pour accompagner souvent maman et Césarine dans leurs visites de charité.

» Enfin, d'accepter avec résignation et avec joie toutes mes peines et de ne jamais me décourager. »

A ces résolutions, communiquées à la confidente des pieux sentiments de Sidonie, la sainte Mère Marie de Jésus ajouta les lignes suivantes :

« Que la paix, la grâce et l'amour de Notre-Seigneur soient toujours dans votre cœur, avec l'amour de la croix, que vous irez puiser dans les divins et tout aimables cœurs. Ma chère Sidonie, vous en qui j'ai reconnu une piété vraiment éclairée et solide, puisque vous la basez sur des fondements inébranlables, l'humilité, la charité et la fidélité aux petites choses ; assurément vous ne pouvez mieux aller à la perfection qu'en suivant cette route. Ne vous en écartez jamais ; c'est celle qu'a suivie Marie, notre bonne Mère, celle où vous a établie et fixée votre retraite. Ma chère enfant, j'en ai béni et en bénirai mille et mille fois le cœur tout aimable de notre bon Maître, ce cœur divin, que vous aimez tant et que vous désirez si ardemment de faire connaître et aimer. »

Après lui avoir longuement parlé des avantages d'une dévotion si consolante et si pratique, source de force, de courage et de confiance, cette bonne Mère termine ainsi :

« Ma chère enfant, la croix et l'amour de Jésus, voilà le véritable trésor. Je vous tiens ce langage qui, selon les vues humaines, ne peut convenir qu'à des personnes avancées en âge ; mais je sais à qui je parle, et vous, chère Sidonie, prévenue des grâces du divin Cœur, vous me comprenez, étant éclairée des lumières de l'Esprit Divin. Ce langage ne vous est pas étranger ; votre cœur est accoutumé à l'entendre. Courage donc et confiance ! abandon entier à l'aimable volonté de notre bon Maître ; ne pensons pas beaucoup à toutes nos petites misères ; humilions-nous-en bien, mais qu'elles ne nous tourmentent pas et ne nous abattent jamais. Autant d'actes d'humilité et de confiance que nous découvrirons de faiblesses en nous, et Dieu sera content ; le cœur de notre bon Maître est notre trésor pour acquitter nos dettes ; c'est lui-même qui vous invite à venir à Lui ; ne craignez donc pas d'en être mal reçue ; entrez et demeurez dans cette plaie sacrée de son amour.

» Je cause avec vous comme avec une amie, ma bonne enfant ; vous ne me faites pas l'effet d'une jeune personne ; il semble que la grâce de notre bon Maître ait développé en vous le jugement, la réflexion et la force de caractère d'une manière au-dessus de votre âge, avec votre piété éclairée, c'est pourquoi je vous crois très capable de profiter de ce petit entretien. Depuis que l'obéissance m'a chargée de m'occuper de vous, je n'ai cessé de vous mettre dans cet asile sacré du divin Cœur où le faible trouve la force, le malade la santé, le cœur froid le feu qui le réchauffe, le pauvre les plus abondantes richesses. Ah! ma chère enfant, qu'il fait bon aller puiser à cette divine source! Là est caché cet inestimable trésor de l'humilité, de la *charité* la plus tendre, de la douceur, de l'amour fort, généreux et pur. Là se trouve aussi l'inaltérable confiance envers le meilleur des pères. Soyez véritablement enfant par votre humilité, enfant par votre douceur, méditant sans cesse ces divines paroles : « Apprenez de moi que je suis doux et humble de cœur ; » enfant par l'abandon le plus parfait aux divines volontés dans quelque état qu'il plaise à ce bon Maître de vous placer ; enfant par votre véritable amour, enfant surtout par votre confiance sans bornes en la divine miséricorde. Travaillez aussi, ma chère enfant, à établir en vous une grande pureté d'intention par un parfait oubli de vous-même. Aimez à n'être rien à vos propres yeux. Enfin ne vous découragez jamais. Le cœur de Jésus connaît mieux que nous notre faiblesse et il en a compassion. Ainsi, ma chère enfant, marchez grandement dans la pratique de la vertu ; une conscience délicate, sans doute, se reproche les moindres fautes, mais sans trouble et avec la plus entière confiance. Puis, courage pour éviter tout ce qui peut déplaire au bon Dieu, surtout ce qui a rapport à la charité. Ah! la charité! qu'elle soit le caractère chéri de notre chère Sidonie! Une enfant de Marie doit savoir tout supporter des autres, lui fussent-ils tout à fait inférieurs, et ne jamais rien faire souffrir à personne.

» Ne manquez jamais la sainte Communion par votre faute : cela nuirait beaucoup à votre âme. La prière et les sacrements sont les vraies armes pour combattre nos ennemis. Elevez souvent votre cœur vers le ciel dans la journée, pour vous accoutumer à la présence de Dieu. Ne manquez point non plus à faire au moins votre quart d'heure d'oraison chaque jour.

» Voilà, ma chère enfant, tout ce que peut vous dire votre pauvre Mère, qui vous aime bien tendrement dans les divins cœurs de Jésus et de Marie.

» A Dieu, à Dieu seul, tout à Dieu.

» M. de Jésus. »

Ces avis de la Mère Marie de Jésus, Sidonie les conservait précieusement dans le petit recueil de pieux souvenirs que les religieuses appellent leur trésor.

CHAPITRE III.

Vocation de Sidonie à la vie religieuse. — Séjour auprès de ses parents. — Sa sœur Césarine. — Entrée au noviciat. — Lettres du directeur et du père de Sidonie à la nouvelle postulante.

Rentrée au sein d'une famille si chrétienne et n'ayant qu'à suivre les exemples de son excellente Mère et de sa sainte sœur Césarine, il ne fut pas difficile à Sidonie de pratiquer les résolutions qu'elle avait prises avec tant de bonne volonté. En 1838, elle vint se retremper au milieu de nous et ce fut dans ces jours de recueillement que Notre-Seigneur parla clairement à son cœur et lui inspira le désir d'être à Lui seul, de répondre à son appel par une fidèle correspondance et de revenir parmi nous offrir son sacrifice le plus tôt qu'il lui serait possible. Après s'être tracé un plan de vie convenable à ce grand dessein, elle ajoute : « Je renouvelle toutes les résolutions que j'ai prises, il y a déjà près de trois ans ; je me consacre de nouveau et plus entièrement, s'il est possible, au Sacré-Cœur de mon bon Maître et au Cœur Immaculé de Marie, afin de ne jamais manquer l'occasion de les faire connaître et aimer. Aidée de la grâce, je promets d'être plus fidèle, afin de ne point perdre le précieux trésor de ma vocation. Et comme j'ai maintenant la certitude, autant qu'on peut l'avoir, que Dieu veut bien m'appeler à Lui, je prends la résolution d'en parler à mes bons parents et de revenir dès que cela sera possible. Au reste, je m'abandonne dès ce moment à la sainte volonté de Dieu et je me donne à Lui sans réserve, sans partage et pour toujours, afin qu'il fasse de moi ce qui lui semblera bon, quand, comme et où il voudra. »

A une lettre de Sidonie écrite à Toulouse pour faire part de sa grande détermination à son directeur, celui-ci répond :

« Vous comprendrez sans peine, ma chère enfant, quelle joie en N.-S. m'a causée votre bonne lettre. J'y ai reconnu le langage d'un cœur reconnaissant envers Dieu et qui veut sicèrement, fermement, irrévocablement, être tout à Lui seul. Votre détermination, prise sous ses yeux et l'influence de son Esprit Saint, est appuyée sur les plus solides fondements de la foi. La confiance et l'amour accompagnés d'une profonde humilité achèveront l'ouvrage commencé A. M. D. G. Au fond, mon enfant, vous choisissez bien la meilleure part pour ce monde et pour l'autre, ou plutôt le Dieu de toute bonté, dans sa miséricorde, la choisit pour vous, et il me semble lui entendre dire *qu'elle ne vous sera point ôtée.* »

Retournée près de ses parents, Sidonie confia à sa sœur aînée sa résolution bien arrêtée de se donner toute à Dieu dans la vie religieuse. Césarine elle-même venait de refuser plusieurs propositions de mariage, de déclarer qu'elle n'en accepterait aucun et voulait être à Dieu seul. Dès ce moment l'union des deux sœurs devint plus intime : mêmes pensées, même désir de se donner à Notre-Seigneur, et même manière de voir malgré la différence des caractères. « Nos projets d'avenir, avec ce qui intéressait ou préoccupait notre nombreuse famille, » dit Sidonie, « faisaient l'objet de nos conversations particulières, et le soir, lorsque tout le monde s'était retiré, nous nous retrouvions pour nous fortifier et nous consoler ensemble. »

Nous ne pouvions cependant toutes les deux quitter la maison paternelle. Après prières et délibérations, de saints ecclésiastiques consultés prononcèrent que Césarine ferait en ma faveur le sacrifice héroïque de rester dans le monde, et cette décision fut écoutée comme la voix de Dieu.

Césarine inclina la tête et dit en soupirant : « Mon Dieu, tout ce que vous voudrez ; d'ailleurs je n'étais pas digne de cet honneur. »

M. de Givenchy, connaissant la résolution de sa fille, alla trouver à Toulouse le P. R... pour le prier d'examiner cette vocation, qui ne pouvait paraître douteuse sinon à la très grande tendresse de ses parents. En affirmant qu'il croyait à la réalité de l'appel divin, le bon Père assigna pour l'exécution un délai de quelque temps, réclamé par les parents de Sidonie. Elle revint toutefois parmi nous au mois d'octobre 1842, et voici, à l'annonce de son retour, la lettre du père qu'on ne se lasse pas d'entendre parler à ses filles spirituelles, dont chacune pouvait réellement se croire la privilégiée en N.-S.

« Dieu soit béni, ma chère enfant, et vous bénisse d'une bénédiction efficace, féconde en vertus et en bonnes œuvres. Je l'espère de son infinie miséricorde, qui achèvera ce qu'elle a commencé en vous dès votre enfance. Je n'ai jamais cessé de désirer et d'espérer votre entrée dans l'arche sainte. Répondez généreusement à cet appel du Divin Maître, qui vous veut élever à la dignité de son épouse ; vous trouverez auprès de Lui, en Lui, ce que tant de milliers d'autres cherchent inutilement ailleurs : la paix et le bonheur, même pour la vie présente, avec les arrhes et le gage comme infaillible de la souveraine et éternelle félicité du ciel. Votre sacrifice qui fera saigner le cœur de vos excellents parents, comme le vôtre, ne peut être que très méritoire pour tous et par conséquent béni et récompensé du Dieu de toute bonté, dans le Père, la Mère, les frères, les sœurs et la victime qui se dévoue pour eux, en s'immolant sans réserve à sa gloire et à son amour.

» A Dieu, donc, ma chère enfant, toute à Dieu pour toujours. Priez-le pour moi tout vôtre en Lui. »

Sidonie fit son entrée au noviciat la veille de la Toussaint, et le 4 novembre, M. de Givenchy écrit à sa fille ces pages où respirent ensemble la foi, la tendresse et la plus chrétienne soumission :

» St.-Omer, vendredi, 4 novembre 1842.

» Je ne pense pas avoir besoin de te dire, ma chère Sidonie, tout le bonheur que m'a causé ta lettre ; ton cœur te l'aura dit plusieurs fois avant moi. Je ne puis le nier, mon pauvre cœur a cruellement souffert de notre séparation ; mais j'attribue à tes prières la force que Dieu m'a donnée depuis quelque temps sous ce rapport. Hélas ! je l'avoue, je n'ai pas toujours été raisonnable sur ce point ; car, après tout, mon premier désir a toujours été de te voir heureuse et d'y contribuer de tout mon pouvoir. J'ai pu douter quelque temps de la solidité de ta vocation, car ton projet date de ta sortie de pension ; mais depuis lors cinq années se sont passées ; tu as eu le temps de faire toutes tes réflexions, et si Dieu ne t'avait pas réellement appelée à cette vocation, Il te l'aurait certainement fait connaître. Dès l'instant que la conviction de la réalité de ta vocation est arrivée à ma conscience, j'ai dû me taire ; la nature a encore résisté, mais enfin je me suis humilié devant Dieu et j'ai compris que je finirais par être coupable si je m'opposais à sa volonté.

» Maintenant tout a changé de face, tu t'es posée comme une victime expiatoire entre la justice de Dieu et les membres de ta famille qui ont un besoin plus prochain de sa miséricorde ; eh bien, je me range au nombre de ces derniers, et mon cœur est tout à la reconnaissance. Bien des larmes couleront encore de mes yeux dans la solitude ; mais je tâcherai de les rendre agréables à Dieu pour qu'elles concourent, avec tes prières, à obtenir de Lui miséricorde et persévérance. Je dirai de toi comme N.-S. le disait de la sœur de Marthe : *Optimam partem elegit, quæ non auferetur ab ea.* Que tes prières soient donc présentées à Dieu pour obtenir de Lui que nous puissions un jour nous retrouver tous aux pieds de sa divine Majesté ! Déjà depuis plusieurs années, j'ai ressenti l'effet de tes prières, chère enfant ; car le monde a bien changé de face à mes yeux, et chaque jour, loin de m'en rapprocher, m'en éloigne davantage ; chaque jour je comprends davantage la sagesse de ta résolution, et je ne puis plus que t'envier. »

CHAPITRE IV.

Prise d'habit de la Sœur Saint-Paul. — Sentiments chrétiens de sa famille. — Profession religieuse. — Pieuses félicitations. — Leçons reçues au noviciat.

La nouvelle postulante se retrouva avec plusieurs élèves, ses anciennes compagnes, et s'habitua assez facilement à une vie qui ne lui était pas étrangère. Son naturel sociable sut bientôt s'accommoder aux différents caractères de ses Sœurs ; aussi, toutes, formées par une habile maîtresse qui possédait leur estime et leur affection, composaient un noviciat qui présentait l'image de la ferveur et de la joie. Courant dès l'abord par la dilatation du cœur, cette petite troupe bénie, l'espérance de la communauté, avançait dans la voie religieuse, et l'émulation semblait les faire progresser à l'envi. Déjà plusieurs avaient revêtu le saint habit, et le temps à peine écoulé, Sidonie reçut le voile de novice et le nom de Saint-Paul en 1843, le 16 juin, date précieuse pour les âmes dévouées au Cœur de Jésus. Sa famille jouissait de la savoir calme et contente, malgré les souffrances de son cœur, si sensible à la séparation.

« Que j'ai été heureuse de revoir Sidonie! » écrivait Césarine à l'une de ses amies. « Quelle touchante et consolante cérémonie que sa prise d'habit! Elle fait pleurer, mais réjouit le cœur. Que vous auriez été édifiée de ma mère! combien elle a montré de foi, de générosité! Nous sommes restées trois semaines aux Oiseaux et nous nous y sommes trouvées au moment des belles fêtes du Saint-Sacrement et du Sacré-Cœur. Les processions étaient magnifiques, recueillies; les reposoirs pleins de goût, les chants enlevants : on se serait cru à la porte du Paradis. »

Mme de Givenchy avait eu le courage de conduire elle-même sa fille à l'autel d'un premier sacrifice; mais le bon père de Sidonie n'avait pu prendre sur lui d'en être témoin, craignant d'être vaincu par sa tendresse et d'en donner de trop sensibles marques. Le 24 juin il lui adressa cette lettre si tendre et si chrétienne :

« Ton cœur t'aura sans doute dit, chère petite,

que c'était à toi que ton père s'adresserait aujourd'hui pour te communiquer les impressions que lui ont causées ces derniers quinze jours. Certes, le regret et le chagrin n'y ont pas été étrangers ; il m'est impossible de me séparer d'une fille aussi tendrement chérie que toi, sans éprouver une vive douleur en pensant que je ne la reverrai plus, et qu'elle ne sera pas là pour fermer les yeux de son vieux père ! Mais quelque profondes que soient ces douleurs, elles me sont personnelles, et et j'ai tout fait pour les écarter de ma pensée. C'est à Dieu que je me suis adressé pour vaincre les sentiments de la nature. C'est en envisageant ta position, en me rendant compte de ta satisfaction, que, m'oubliant moi-même, je me suis complu à me pénétrer de ton bonheur. Tout autre état ne t'aurait pas rendue heureuse, puisque Dieu t'appelait à Lui ; que son saint nom soit béni ! La lettre que ta mère m'a écrite m'a vivement ému et m'a prouvé que j'ai bien fait de ne pas assister à ta prise d'habit. Mon cœur n'était pas encore assez détaché de toi pour que je fusse capable d'être présent à cette cérémonie. Mais, si Dieu me prête vie et santé, j'irai certainement à ta profession. Alors le sacrifice sera irrévocable ; j'espère être digne de l'offrir à Dieu tout entier. Tous ces souvenirs, tous ces regrets, tous ces chagrins, ne m'ont point empêché de prier bien sincèrement pour toi dans cette circonstance ! et, voyez les contradictions du cœur humain, j'aurais été triste et vivement affligé, qu'au moment de prendre l'habit, tu eusses reculé ! Cela s'explique : en ne considérant que ton bonheur, je suis convaincu que c'est là que Dieu t'appelle ; conséquemment je dois être heureux de t'y voir, et je me reprocherais d'avoir voulu t'en détourner ; mais l'humaine faiblesse est toujours là ! Le *moi* ne peut pas s'oublier tout à fait et de là cette contradiction de me réjouir de te voir dans la voie qui doit te conduire au bonheur en cette vie et en l'autre, et le regret d'être séparé de ma fille que j'aimais et que j'aime encore tant ! »

Le Père spirituel de la novice ne manqua pas de la féliciter de ce qu'il appelle ses *saintes fiançailles avec l'Epoux céleste*. C'est toujours avec effusion qu'il manifeste sa joie lorsqu'il a pu arracher au monde une âme fidèle et l'introduire dans le tabernacle du Dieu des vertus.

« Vous voilà enfin dans le vestibule du ciel, » écrit-il à Sidonie, « ma bonne et bien chère enfant, que j'ai suivie et guidée de loin comme de près ; semblable en cela à la bonne Louise Bl., que je ne pouvais perdre de vue au milieu de ce monde, où vous étiez si déplacées l'une et l'autre !

Je prie Notre-Seigneur de vous fixer à jamais dans l'asile, cher à son cœur, pour répandre sur vous l'abondance de ses grâces. »

Les premiers souvenirs du noviciat de Sœur Saint-Paul se confondent avec ceux de ses compagnes et l'on sait que toutes alors rivalisaient ensemble pour atteindre, aussitôt que possible, le terme de leurs désirs.

Le 29 juin 1844, la Sœur Saint-Paul fit sa profession religieuse en même temps que la Sœur Saint-Augustin, appelée à devenir un jour la Mère de sa communauté, et en compagnie de trois autres Sœurs, associées à leur bonheur.

Les principaux membres de la famille de Givenchy assistaient à cette grave cérémonie. Césarine attacha elle-même la couronne à la nouvelle professe et son excellent père eut la force d'être témoin, ainsi que sa mère, du sacrifice irrévocable de leur fille bien-aimée : « de cette fille chérie, dont j'ai eu tant de peine à me voir privé, » dit ce tendre père, « et que je ne pouvais céder qu'à Dieu seul. » « Il ne faut pas te figurer, ma chère petite, » lui écrivait-il auparavant, « que la plaie ne saigne pas encore et que ton souvenir ne fasse pas couler mes larmes ; mais elles coulent au pied de mon crucifix et perdent par là beaucoup de leur amertume. »

Sidonie était, en effet, la fille chérie de son père,

dont elle exprimait plus particulièrement la ressemblance, ayant beaucoup de ses traits et de sa physionomie ; et si la balance de la tendresse penchait dans le cœur paternel, on pouvait croire que c'était en faveur de cette enfant, tant aimée des siens !

Nous n'avons pu nous procurer aucune des lettres de la Sœur Saint-Paul ; mais une réponse de son excellent père nous fera deviner sans peine les sentiments exprimés à toute occasion aux parents pour lesquels son affection toute filiale égalait son tendre respect et sa vénération.

« La lettre que tu as écrite à ta mère m'a fait un extrême plaisir. Il en est bien de même de toutes celles que tu nous écris ; mais il y a dans celle-ci à la fois tant de sensibilité et de raison, que je ne puis m'empêcher de louer Dieu et de le remercier de t'avoir appelée à une aussi sainte vocation ! et quand je la compare avec la vie du monde, même la plus chrétienne, quelle différence ! Cependant, je ne puis te rendre le coup de poignard que j'ai ressenti lorsque, te conduisant à la diligence, tu as passé pour la dernière fois le seuil de ma porte !... Mais enfin, Dieu l'a voulu pour ton bonheur en ce monde et en l'autre ; peut-être aussi pour celui de tes parents pour qui tu prieras, et je ne puis m'empêcher de m'écrier : Que le saint nom de Dieu soit béni !

» Au revoir, chère et bien-aimée fille, je te donne du fond de mon cœur, ma bénédiction et t'embrasse tendrement. »

A cette lettre paternelle nous ajouterons celle du Père R..., si sympathique à toutes ses filles en Notre-Seigneur :

« Je partage bien sincèrement votre bonheur, ma chère enfant, ma bonne Sidonie, et je prie le Divin Epoux, qui vous fait asseoir sur son trône d'amour, d'assurer votre place sur son trône de gloire dans ce jour éternellement mémorable de votre consécration irrévocable à son saint service, en qualité d'épouse. N'oubliez pas, mon enfant, que Marie, votre Reine et votre modèle, au moment où l'Archange Gabriel la proclama la Mère de Dieu, ne prit d'autre titre que celui de sa servante et qu'elle le vérifia, dans toute son étendue, par une invariable fidélité. »

Dans quelques pages, qu'elle conservait comme souvenir de son noviciat, on remarque ces réflexions pratiques : « Les leçons reçues pendant le noviciat doivent former dans notre âme, comme nous l'a souvent dit notre Mère Supérieure, un fonds précieux, sur lequel la religieuse doit vivre jusqu'à la fin. En quittant notre cher noviciat, on nous a recommandé trois points : le *silence*, la *régularité*, la *charité*. Puis une grande ouverture de cœur avec notre Mère Supérieure, et un dévouement entier, qui consiste à nous tenir toujours à la disposition de la communauté. « Ne devenez pas, » nous a t'on dit, « des personnes importantes auxquelles on ne peut toucher, qui ont leurs charges et à qui cela suffit. Restez novices, c'est-à-dire soyez *petite enfant* toute votre vie. Pas de réserve ; ne dites jamais : J'irai jusque-là. Donnons-nous entièrement à Notre-Seigneur ou plutôt demandons-lui de nous prendre. S'il le fait, on va loin. Allons toujours malgré nos cris pendant l'opération. — Se laisser mettre à la dernière place, recevoir ce qui vient, l'accepter sans retour sur soi-même, c'est quelquefois dur à la nature ; mais c'est là ce qu'une religieuse est venue chercher. *Elegi abjecta esse.* Saint Liguori dit que le plus grand saint est celui qui sait le mieux avaler. — Une religieuse qui reçoit quelque humiliation doit se dire : « Je n'ai que ce que je mérite ; si je n'avais pas tant d'orgueil, je comprendrais que Dieu le permet parce que j'en ai besoin ; mais on oublie trop que la place d'une religieuse est sous les pieds de tout le monde. » — Ne vous mêlez jamais ni d'apprendre des nouvelles ni des choses qui ne vous regardent pas. — Ne parlez des autres que pour en dire du bien et soyez des anges de paix pour entretenir la charité et l'union dans la communauté. »

C'étaient là, sans doute, des avis généraux donnés aux jeunes professes et excellents pour toute religieuse ; mais la Sœur Saint-Paul sut s'en faire à elle-même l'application particulière ; c'est ce que prouve un petit recueil écrit de sa main et qui a pour titre : *Provisions pour l'avenir*. Elle y réunit indistinctement et sans ordre « tout ce qui pourra, » dit-elle, « faire du bien à son âme, afin d'y recourir selon le besoin. » Ce sont des résumés de sermons, des avis reçus en confession, en direction, de pieuses pensées, les résolutions de ses retraites, etc...

Elle inscrivait avec exactitude les dates des événements qui intéressaient son cœur et sa piété. Au dos d'une image qu'elle avait donnée à Sœur Sainte-Anne, en mémoire de leurs communes cérémonies religieuses, nous lisons : « Union de prières, pensées, paroles, actions, souffrances, entre Sœur Sainte-Anne et Marie Saint-Paul ! »

« Ma chère jumelle, soyons novices toute notre vie ; abandonnons-nous à Notre-Seigneur ; qu'Il fasse de nous tout ce qu'Il voudra. »

La Sœur Saint-Paul ne semblait pas être prédestinée à de grandes souffrances ; son heureux naturel lui faisait envisager les événements du meilleur côté, et la Providence la conduisait ordinairement par une voie assez douce. Cependant elle traversa quelques jours d'épreuve ; mais ils furent rares, et la paix rentrait bientôt dans son âme comme dans sa demeure habituelle. Pendant un quart d'heure orageux de sa jeunesse spirituelle, au lieu de franchir courageusement la difficulté, elle avoua ouvertement que, n'étant pas bien disposée, elle ne voulait pas aller à confesse. « Oh! mon enfant, la pernicieuse conséquence! » lui fut-il répondu. « Bien au contraire, dites-vous à vous même : Je suis très mal disposée ; donc je viens au plus vite me confesser, vu l'extrême besoin que j'en ai. » Vous vous êtes éloignée du bon Maître et vous avez trouvé le misérable moi, qui ne sait rien souffrir, s'exagère tout, se choque de tout et se fait des montagnes des moindres choses : voilà les fruits de l'amour-propre. Faut-il maintenant se décourager, tout abandonner? Calmez-vous, moquez-vous de ce *moi ;* puis recourez à votre Jésus et dites-Lui le plus souvent possible : « *Mon Jésus, mon bon Maître!* » Et surtout ne manquez pas vos communions. »

Tels étaient les conseils du vénérable et saint Père Varin, dont la direction réunissait à la fois tant de force et de douceur.

La jeune professe avait les qualités et les défauts d'un bon cœur. Elle se reprochait souvent de trop tenir à l'affection des créatures : « Souviens-toi, ô mon âme, » se disait-elle à elle-même, « que Dieu est jaloux de ton cœur et ne peut souffrir le moindre partage. — Oui, mon Dieu, je veux être à vous, rien qu'à vous seul... Bon Maître, faites que je vous aime. Quand donc ne serai-je plus si vivante à tout ce qui flatte ma nature? Il me faut des caresses, quelque signe d'amitié, quelque chose enfin qui m'aille au cœur et je ne comprends pas que ce n'est que par la mort à moi-même que je trouverai la vie en vous. Aidez, Seigneur, mes faibles efforts; c'en est fait, je recommence. Oh! que vous êtes un bon Maître et que je suis mille fois heureuse de vous appartenir. »

29 *Juin.* — « Toujours cette pensée, *être à N.-S. tout seul*, par conséquent mettre de côté tous ces désirs, ces prétendus besoins d'être aimée, caressée par d'autres, je veux avoir en Dieu seul toutes mes affections et supporter sans me plaindre tous les petits déboires qui me sont parfois si sensibles, à cause de mon amour-propre. La créature est encore trop pour moi. Oh! oui, je n'aime pas assez Notre-Seigneur. Il est jaloux de mon pauvre cœur! Cependant, Dieu sera tout entier à moi si je suis tout entière à ce bon Maître! Il sera à moi autant et en proportion que je serai à Lui. Je voudrais quelque marque d'intérêt, quelque chose qui m'aille au cœur, et cependant cela ne tend

qu'à me détourner de vous, mon bien-aimé Jésus. Enseignez-moi donc à vous aimer vous seul, avec simplicité et droiture de cœur. Pendant trente ans, dans la solitude, Jésus caché *obéissait, travaillait, profitait.* »

A la fin d'une retraite : « Mon bien-aimé Jésus, combien je vous remercie ! Je renouvelle encore la donation totale que je vous ai faite de tout moi-même. Daignez cette fois m'accepter, vous charger de moi, me conduire vous-même et faites-moi plutôt mourir que de vous être infidèle. Substituez-vous vous-même dans mon cœur à la place de mon amour-propre, afin qu'au lieu de tant m'aimer moi-même, je n'aime plus que *vous seul*; au lieu de désirer d'être aimée des créatures, que je n'aie d'autre bonheur que celui de vous voir et de vous faire aimer; qu'au lieu de penser à moi, je pense à vous, je parle de vous; que loin de m'occuper tant de moi et d'aimer à ce que l'on s'en occupe, je ne cherche qu'à vous plaire et à vous attirer des cœurs; qu'au lieu de chercher tant mes aises et mes commodités, je fasse en sorte de vous offrir moi-même et de vous procurer de ces petites délicatesses qui consolent un peu votre cœur tant offensé ! Enfin, bon Maître, je me livre à vous, soyez vous-même ma caution ; apprenez-moi à vous connaître, à vous aimer et à vous faire connaître et aimer. Allons, mon âme, courage donc, ne refuse rien à Dieu ; tu Lui dois tout... Sais-tu d'ailleurs, quand la mort viendra ? Sois toujours prête à paraître devant Lui. »

Il serait trop long de citer en entier ce qu'on pourrait appeler le journal de ses retraites : C'est bien ce qu'il y a de plus édifiant ; mais on y retrouve constamment la preuve de la lutte d'un cœur trop sensible à l'affection des créatures, quoiqu'à l'extérieur cette disposition ne parût que par le dévouement, les attentions et même d'humbles services. Cette bonne Mère ressentait vivement la peine de la séparation de ce qui lui était cher et par contre-coup un vif attrait pour ne s'attacher uniquement qu'à Dieu seul. C'est ainsi qu'après la mort édifiante de Césarine, elle écrit cette prière : « Mon Dieu, quelle leçon ! Je veux vous aimer uniquement comme elle. Je suis brisée, broyée, soyez-en béni ; mais forcez-moi de vous aimer, vous seul, sans cette compensation de petites consolations naturelles qui m'éloignent de vous. »

Quelques années après, elle perdit successivement sa bonne mère, son père, ainsi que plusieurs membres de sa famille, et c'est dans les termes suivants qu'elle en parle à Notre-Seigneur.

« O mon bon Maître, je suis à vous seul ; soyez

ma mère et tout pour moi, malgré mon indignité. Je vous rends grâce de m'avoir traitée de la sorte. Mon Dieu, vous avez brisé mes affections, je n'aurais pas su vous préférer à tout. »

Enfin, Dieu combla la mesure par la mort de la Mère Xavier, son ancienne maîtresse des novices, pour laquelle elle eut jusqu'à la fin un cœur, on pourrait presque dire un culte tout filial, tant elle avait de confiance et d'estime pour cette excellente religieuse. « Le dernier coup est porté, » écrit-elle après cet événement. « Mon Dieu, je veux vous en aimer davantage ; à vous seul pour toujours ! »

CHAPITRE V.

La Mère Saint-Paul dépensière. — Maîtresse générale du pensionnat. — Placée quelque temps à la tête de la maison d'Issy.

Nous sommes arrivés en 1861 et la Mère Saint-Paul était devenue un membre très actif de la communauté. Notre Mère Sophie, connaissant son intelligence et ses moyens, avait essayé de la placer à la tête d'une classe. La maîtresse aurait eu les meilleures aptitudes pour en prendre la direction avec succès ; mais, outre qu'elle avait peu de goût pour l'enseignement classique, sa modestie lui faisait croire qu'elle était plus propre aux emplois matériels. Elle fut donc nommée dépensière et, dans l'exercice de ses fonctions, elle se trouvait heureuse d'être toujours à la disposition de celles qui réclamaient les secours de l'obédience qui lui était confiée. Aussi, se croyait-elle pour toujours fixée à ce poste d'obligeance et, dans ses humbles prétentions, elle ne trouvait rien qui lui convînt mieux que l'examen des provisions de la bonne Fanchon, de Sophie et des braves Jamet, nos fournisseurs culinaires.

Pourtant Notre-Seigneur l'appelait à se consacrer plus directement au soin des jeunes âmes dont l'éducation est le grand but de notre Ordre. Plusieurs religieuses ont dit que la Mère Xavier ellemême vint annoncer en songe à son ancienne novice qu'elle serait sous peu maîtresse générale du pensionnat. Pour elle, loin de soupçonner qu'on eût seulement pensé à la nommer à cette charge, elle demanda s'il était nécessaire qu'elle se rendît à la réunion de communauté où l'on devait s'occuper de ce sujet qui, disait-elle, ne la regardait pas. Et comme on lui répondit que Notre Mère n'avait pas donné de dispense, elle quitta son tablier blanc d'économe, comptant bien le reprendre ensuite et retourner à son travail. Bientôt, quel ne fut pas son étonnement en entendant notre Mère Supérieure la désigner en remplacement de la Mère Saint-Charles, qui succédait comme assistante à la regrettée Mère Marie-Anne.

Cependant la nouvelle maîtresse générale reçut cette charge avec la simplicité des âmes droites et, sans faire d'inutiles réclamations, elle ne chercha plus que les moyens de se renseigner de tous les détails de son administration de préfète, afin de pouvoir contenter Dieu et le prochain en se dévouant tout entière aux enfants dont elle sut dès l'abord gagner les cœurs.

Déjà un assez grand nombre d'élèves la connaissaient et l'appréciaient, plusieurs s'étant attachées à elle au moment de leur première communion, dont cette bonne Mère faisait faire les exercices préparatoires depuis plusieurs années.

Remplie de sollicitude pour ces intéressantes enfants, elle ne négligeait rien de tout ce qui pouvait les porter à la réforme de leurs petits défauts, les initier à la pratique des vertus de leur âge et leur inspirer le goût de la piété. Elle-même avait composé et faisait entourer de vignettes l'acte suivant de consécration au Sacré-Cœur de Jésus, et voulait qu'elles le conservassent dans le livre qui était offert à chacune comme souvenir du plus beau jour de la vie.

ACTE DE CONSÉCRATION AU SACRÉ-CŒUR DE JÉSUS.

« O Cœur adorable de Jésus, apprenez-moi à vous connaître et à vous aimer. Pénétrée de reconnaissance à la vue de vos bienfaits, je viens me donner à vous sans réserve et sans retour. Recevez mon cœur, ô Jésus, ou plutôt prenez-le vous-même ; changez-le, purifiez-le, rendez-le doux, humble, patient, charitable et fidèle comme le vôtre. Accordez-moi l'esprit de foi, l'énergie pour me vaincre et par dessus tout la grâce de ne jamais commettre un seul péché mortel.

» Ainsi soit-il. »

Les notes recueillies sur la chère Mère Saint-Paul parlent unanimement de sa bonté, de sa gaieté et de son affabilité. Pour la bonté, c'était une vraie fille de notre Bienheureux Père Fourier, dont il est dit qu'il se donnait chaque jour de sa vie : « donnant son corps, son temps, son repos, son esprit, avec ce charme, cette simplicité, cette prévenance qui laisse voir le cœur par la manière de se donner (1). » Ce caractère de bienveillante bonté se retrouvait tout entier dans l'âme de la Mère Saint-Paul, aussi bien que les attraits de notre saint fondateur pour la vertu d'hu-

(1) Lacordaire.

milité. Il y avait, chez cette modeste religieuse, absence totale de prétentions. Elle ne se montrait pas plus touchée d'un éloge que d'un oubli, et, quoique peut-être son cœur n'y fût pas insensible, elle ne semblait point s'apercevoir, encore moins se blesser, de certains manques de prévenances et d'égards dont il est si facile de s'affranchir envers ceux qui ne les exigent pas, surtout si l'on vit constamment avec eux. Recevoir ces témoignages ou en être privée, était accepté par cette bonne Mère avec la même sérénité de visage. Ne tendant qu'à s'effacer, à se mettre de côté et ne paraissant que pour se rendre utile aux autres, elle savait, a dit un homme de bon sens, s'isoler ou se trouver partout, sans s'imposer à personne.

Il serait difficile de nommer ceux qui n'avaient pas affaire à la Mère Saint-Paul. Elle était si bonne et si active, que chacun prenait facilement l'habitude de s'adresser à celle dont on était toujours si bien accueilli et par laquelle le service demandé était aussitôt rendu, sans que l'on eût à s'occuper d'aucun détail. S'agissait-il d'une course à l'extérieur, la sœur ou le commissionnaire était à l'instant mis à la disposition de la personne qui en avait besoin ; aussi, à toute occasion, on entendait, de la bouche des élèves comme de celle des religieuses : « Allons à Mère Saint-Paul. » C'était vraiment le bras droit de la supérieure, se trouvant avec elle, aux réceptions des prélats et autres personnages; puis, de là, passant au parloir où tout le monde la connaissait, elle disait sur le chemin bonjour aux fournisseurs qu'elle rencontrait, ayant un mot pour chacun, s'ajustant ainsi à tous les niveaux et se trouvant partout à sa place, en conservant toujours ses bonnes formes et sa distinction.

Ce serait donc trop nous répéter que de parler encore de son amabilité et de sa bienveillance. Son air ouvert, sa physionomie paisible et heureuse, étaient, selon sa propre expression, un excellent prospectus pour les parents des élèves. « En me voyant si ronde et si bien portante, » disait-elle, « ils en tireront bon augure pour la santé de leurs enfants; la bonne mine est souvent fort utile au parloir. » — Nous savons pourtant, d'après son aveu, ce que n'aurait pas laissé soupçonner son aisance dans ses relations extérieures. « Dès le matin du jeudi, » disait-elle, « je pense au parloir avec la même appréhension que le vendredi, lorsque je dois me rendre devant le pensionnat réuni pour faire l'instruction générale. » — Qui eût pu se douter d'une telle émotion voilée sous des dehors si simples!

A toutes les demandes elle semblait avoir la réponse du *oui* sur les lèvres, même lorsqu'elle était forcée de prononcer un *non*. Aussi les parents la réclamaient-ils fréquemment, sachant qu'elle trouverait toujours moyen de les contenter et d'arranger les petites affaires de leurs enfants. Le médecin de la maison, qui avait des rapports presque quotidiens avec cette bonne Mère au sujet de la santé des élèves, écrivait après sa mort : « C'est une grande perte pour la communauté. Elle était très aimée, et ses grandes qualités, si bien appréciées de chacun, rendaient ses rapports bons et conciliants avec tous. »

Rien n'était plus touchant que de la voir le dimanche à quatre heures, entourée de ses nièces, qu'elle dédommageait de l'absence de leur famille; et ceux qui ont été témoins de sa présence au milieu de ce cercle d'enfants avec leurs parents, aux jours de réception, n'oublieront pas les réunions charmantes dont cette bonne religieuse faisait comme le centre béni : « Elle était notre lien, notre amie, notre conseillère, » écrit l'une de ses belles-sœurs.

Lorsque ses frères et sœurs l'avaient consultée sur quelque point : « J'ai prié, j'ai réfléchi, » leur répondait-elle, « et je crois devoir, pour le bien de tous, vous proposer tel avis. » — « Elle avait parlé, c'était bien, c'était tout : Chère sœur, savait-elle, combien elle nous était chère? » Il n'était pas difficile de le savoir. La déférence à ses avis et tous les procédés des siens à son égard faisaient assez connaître les sentiments dont ils étaient pénétrés pour elle.

Aussitôt que la Mère Saint-Paul avait reçu une nouvelle élève, elle la conduisait aux pieds de la Vierge fidèle, comme pour confier l'enfant à notre céleste Mère et mettre le temps de son pensionnat sous sa protection. « Je n'oublierai jamais, » écrit l'une d'elles, « la manière dont la bonne Mère Saint-Paul me reçut, et l'image de la Vierge fidèle, aux pieds de laquelle elle me conduisit à mon arrivée. » Elle recommandait aussi la nouvelle venue à saint Joseph, son patron de prédilection et l'objet de sa dévotion particulière. Elle comptait entièrement sur ce bon saint, ayant eu des preuves signalées de son assistance. Une des plus visibles, dont nous constations habituellement les édifiants effets, c'était la grâce de pouvoir conserver l'esprit intérieur au milieu de ses nombreuses occupations et de ses continuelles relations extérieures. Elle avait de même une confiance sans bornes aux soins de son bon ange en toute occasion. Lui faisait-on part d'un projet de voyage lointain, de quelque entreprise hasardeuse : « Soyez tranquille, » disait-elle, « je vous enverrai mon bon ange pour vous conduire et vous ramener. »

Elle avait déjà reconnu les effets de l'assistance des anges en faveur de son frère Henri, objet de l'affection spéciale et de la sollicitude presque maternelle de sa sœur Sidonie. Ce frère chéri faisait partie de l'équipage d'un bâtiment en destination des côtes d'Afrique. Par un oubli dont on n'a jamais eu l'explication, le jeune de Givenchy, alors en congé, ne fut pas averti du rendez-vous à bord pour l'embarquement du navire. Et combien n'eut-on pas lieu d'en remercier la Providence, lors qu'on apprit que ce vaisseau, dont on n'eut aucune nouvelle, avait très probablement sombré en mer!

Plus tard, M. Charles, son frère aîné, crut aussi devoir à l'ange de sa pieuse sœur sa conservation dans un péril imminent. Comme il faisait avec ses frères une exploration dans les Pyrénées, il monta sur le sommet d'un pic très élevé dominant un précipice sans fond, afin d'admirer le splendide panorama dont l'immensité se développait à ses pieds. Il était absorbé dans la contemplation de ce spectacle grandiose, quand une avalanche descend tout à coup sur lui et le fait rouler si violemment qu'il se croit infailliblement perdu et jeté dans l'abîme... Mais, le bon ange de la Mère Saint-Paul suggéra à l'un des voyageurs l'idée de faire précipitamment quelques pas rétrogrades dans un sentier tournant autour du pic et de tendre les bras à M. Charles, qui tomba directement dans ceux de son frère, avec une vitesse tellement accélérée, que le sauveur et le sauvé furent renversés et fixés sur le chemin, par l'effet de leur poids simultané. Ainsi leur chute dans les mains des anges les délivra de la plus épouvantable catastrophe.

La Mère Saint-Paul occupait depuis plus d'un an la charge de maîtresse générale du pensionnat, quand, à la fin de 1863, elle fut placée à la tête de la maison d'Issy. Elle baisa silencieusement la main qui lui imposait le sacrifice de la séparation; quoique pénible, il fut accepté généreusement et simplement par cette chère Mère, et Dieu bénit visiblement son obéissance par l'augmentation sensible du petit pensionnat, qui cette année s'accrut dans une proportion très satisfaisante. Sans jamais rien perdre des formes modestes d'une religieuse, la Mère Saint-Paul, établie dans son manoir, recevait nos visites avec tant de bonne courtoisie, qu'on l'eût prise pour une châtelaine, faisant les honneurs à ses invités. Elle nous offrait gracieusement tout ce qu'elle supposait devoir nous être utile ou agréable, évitant en même temps de donner la moindre peine pour ce qui lui était nécessaire à elle-même. Ainsi, allait-on en hiver préparer le feu de son petit foyer, déjà on le trouvait allumé. Il en était ainsi de tout ce qui la concernait personnellement.

Dans sa simplicité, elle raconta qu'en 1859 pendant un séjour momentané à Issy elle avait eu, en la manière suivante, l'annonce de la mort de sa sœur Amélie : « Un soir, » dit-elle, « m'approchant d'une fenêtre qui donne sur le parc, je vis soudainement passer une jeune fille vêtue de blanc. « Oh ! Amélie ! » m'écriai-je. Le lendemain j'appris que cette chère sœur était morte à Saint-Omer le jour même où j'avais cru la voir. »

« O mon Dieu, que votre volonté soit faite, » écrit-elle après cet événement, « à chaque souvenir pénible, à chaque nouvelle souffrance redire : « Me voici, mon Dieu, pour faire votre volonté ! Peines, contrariétés, souffrances, tout cela n'est pas un mal; donc, abandon. »

Puisque nous parlons du temps qu'elle passa à Issy, nous rappellerons les secours que l'on tirait là des industries de la Mère Saint-Paul et de son sang-froid dans les circonstances et embarras imprévus. « Lorsqu'il était arrivé trop de monde pour les ressources du jour, » dit celle de nos sœurs employée à la dépense, « elle savait bien où trouver des vivres et desserts abondants ; de sorte que jamais rien ne manquait au réfectoire. » On eut lieu aussi d'admirer son calme religieux lors de la chute d'un malheureux ouvrier tombé du haut d'une reconstruction jusqu'au fond des caves. Ce ne fut qu'avec toutes les précautions d'une affectueuse prudence qu'elle apprit cet accident à sa Mère Supérieure, tandis que, par l'effet de sa charité et de son dévouement, rien n'avait été négligé pour faire assister ce pauvre homme.

A l'école de Mme de Givenchy, sa fille avait appris à connaître les choses de ménage ; elle les dirigeait parfaitement et ne faisait nulle difficulté d'y mettre la main. C'est ainsi qu'elle était occupée à faire des confitures pour notre provision annuelle, lorsqu'on l'appela pour la nommer maîtresse générale. Elle avait à sa disposition mille ressources hygiéniques pour prévenir les maux des autres ou y remédier. Avait-on les mains entamées ou gercées par le froid, on allait à Mère Saint-Paul chercher une pommade très efficace qui portait son nom parce qu'elle la composait elle-même. On eut également lieu plusieurs fois de constater l'effet salutaire d'un onguent spécial, regardé comme un secret de famille et souvent appliqué avec grand succès en faveur des pauvres.

La Mère Saint-Paul se renseignait de tout et partout, profitant sans amour-propre des expériences des autres, pourvu qu'elle trouvât de l'avantage à leur application. Une courte digression à ce sujet : Par une circonstance très exceptionnelle, Notre Mère Supérieure était une fois allée visiter le Couvent du Sacré-Cœur, avec deux ou trois d'entre nous, dont l'une était la Mère Saint-Paul. En parcourant cet établissement, notre maîtresse du pensionnat s'arrêta dans les classes des élèves ; et là, considérant attentivement un détail d'ameublement, elle ne s'aperçut pas qu'elle s'était détachée du groupe des religieuses. Une de ces dames l'ayant perdue de vue, rentra soudainement dans la salle d'étude où, voyant la Mère Saint-Paul « Mais, » lui dit-elle d'un air un peu surpris, « Madame, vous allez vous perdre. » — « Oh ! non, Madame, » repartit doucement la Mère Saint-Paul avec un aimable sourire ; « on ne se perd jamais dans le Sacré-Cœur. » La religieuse fut si touchée de l'à-propos de cette réponse qu'elle ne voulut plus quitter notre chère Mère, la conduisit partout pendant la visite et l'accompagna elle-même jusqu'à la sortie de cette maison. « Voyez, » disait la Mère Saint-Paul en racontant elle-même ce petit trait : « on gagne toujours à se montrer aimable. »

Un soir, pendant la récréation, comme elle raccommodait des bas tricotés à la main, on la félicita d'avoir de si belles mailles à repriser. « Ma Mère tricotait des bas pour tous ses enfants, » répondit-elle, « et je suis si contente de mettre encore ceux qu'elle m'a faits que je les entretiendrai aussi longtemps que possible, heureuse de pouvoir en même temps mieux pratiquer la sainte pauvreté. » Elle était, du reste, fort adroite et sans cesse occupée, ayant toujours en main quelque petit ouvrage, comme tiges ou boutons de fleurs artificielles, qu'elle disposait avec goût et promptitude.

A propos de nos récréations, cette chère Mère avait le talent de les égayer et d'y fournir sa grande part d'agrément. Dès qu'elle paraissait, tous les visages s'ouvraient à l'aspect de sa physionomie joyeuse. En nous racontant des faits très ordinaires, elle savait les animer de couleurs agréables, donnant à son langage l'accent particulier des divers pays, dont elle imitait parfaitement les idiomes et les formules. Pourtant, ses anecdotes, toujours intéressantes et amusantes, ne s'écartaient jamais des règles de la charité, et ses narrations familières portaient toutes le cachet du bon ton et l'empreinte d'une vie de famille de la meilleure et de la plus chrétienne société. A travers ces récits, on voyait percer sa franche humilité et l'opinion très modeste qu'elle avait d'elle-même et qu'elle appuyait de plusieurs citations tellement naïves, que nous ne pouvons les rapporter, même dans cette notice familière.

Si quelque chose manquait à l'ensemble des qualités de la Mère Saint-Paul, c'était peut-être un peu de cet esprit d'organisation et de prévoyance, si utile pour maintenir l'ordre établi et régler les détails journaliers. Elle suivait simplement la bonne impulsion précédemment donnée à toutes choses par des mains habiles et ne s'inquiétait pas assez d'imprimer chaque jour le mouvement au moteur dont elle avait la direction.

Quelquefois aussi, la fermeté dont la chère Mère n'usait qu'avec effort le cédait, en certains cas, non à la faiblesse, mais à cette bonté naturelle sur laquelle ou savait trop que l'on pouvait toujours compter. Mais, a dit quelqu'un, cette indulgente bonté est, de tous les défauts, celui que Dieu pardonne le plus facilement. Pour cette bonne Mère, à toutes les observations et remarques amicales sur ce sujet, comme sur ses oublis ou petites omissions, elle ne manquait pas de répondre : « Comme je vous remercie de m'avertir ! » Du reste, ces défauts avaient rarement de légers inconvénients, parce que la Mère Saint-Paul, avec son bon sens et sa promptitude, remettait bien vite tout en place, et suppléait activement et facilement à ce qui n'avait pas été prévu. Ajoutons même qu'allant droit à l'action et n'employant pas de temps à combiner ses plans, elle pouvait plus aisément suffire à la multitude de ses occupations ; son cœur donnait à son dévouement une spontanéité qui valait mieux, dans certaines circonstances, que trop de réflexion ; et, comme les idées ne lui faisaient pas défaut, on put surtout profiter de son initiative dans des temps d'inquiétude et de difficultés. Ainsi, au moment où la Commune ne permit plus de garder dans la maison à Paris notre Mère Supérieure ni même plusieurs des religieuses restées avec elle, ce fut la Mère Saint-Paul qui suscita la pensée de recourir à la communauté du Grand-Champ à Versailles, et, au risque d'être prise pour une aventurière, elle-même alla, non sans danger, se présenter chez ces bonnes Mères, qui, se tenant en garde, ne la reçurent qu'à bon escient.

CHAPITRE VI.

Déclin de ses forces. — Sa maladie, sa mort. — Regrets unanimes. — Première Communion de Marguerite de Givenchy. — Témoignages de sympathie.

L'heure allait bientôt sonner où Notre-Seigneur devait appeler à lui celle qui nous fut toujours chère et dont la conservation nous était si précieuse. Depuis quelque temps, on s'apercevait du déclin de ses forces et quelque chose manquait à son activité ordinaire. Toutefois elle dissimulait autant que possible les souffrances de son état de faiblesse et s'efforçait encore de se rendre partout où sa présence était nécessaire. Au parloir, elle s'asseyait entre les deux salles, afin d'être toujours à portée des personnes qui avaient l'habitude de traiter avec elle. L'affection des parents et des amis se préoccupait plus habituellement de la santé de cette chère Mère, et l'on faisait en sorte de ménager autant que possible celle qui se ménageait si peu elle-même. Bien qu'elle n'en fît rien paraître, elle devait avoir certain pressentiment de sa mort, dès longtemps, d'après son aveu, l'objet de ses désirs et pour laquelle elle était toujours préparée. C'est ce que prouvent quelques lignes écrites par elle sur ce grave sujet : « Heureux qui de bonne heure s'accoutume à mourir ! que faire pour cela ? ne tenir à rien, se laisser manier comme un mort. Sous ce drap mortuaire, n'ai-je pas laissé ma volonté ? non, Seigneur, non, je ne vous demande plus la mort : c'était une lâcheté ; le vrai temps, le temps propre pour mourir, c'est quand Dieu voudra ! Pourvu, bon Maître, que je sois dans votre grâce, c'est tout ce que je vous demande. Mon Dieu, ne m'épargnez pas ici-bas, mais daignez me sauver pour l'éternité. »

Le mal faisait cependant de jour en jour quelques progrès. Le dimanche 5 mai, jour de la réception de nos enfants de Marie, au lieu d'aller faire la visite à chacune comme aux réunions précédentes, elle s'était assise auprès d'une ancienne élève, qui remarqua son air souffrant et fatigué. Elle avait encore fait sa séance au parloir, en écoutant avec sa gracieuse bienveillance les recommandations des parents. Une dame amie fut étonnée de la voir à son poste comme à l'ordinaire. « Ma Mère, » lui dit-elle, « vous vous occupez de tout le monde et vous-même paraissez avoir grand besoin de repos? » — « Il est vrai que je souffre, » répondit-elle, « mais c'est pour une si belle récompense ! »

« Toutes les enfants vont bien, » écrivait-elle à une de ses nièces avant la sortie de Pâques ; « nos six jubilent de penser qu'elles seront lundi dans nos familles. Nous venons d'avoir d'excellentes instructions ; que n'étiez-vous là ! Vous auriez entendu parler de vraie piété, d'amour pour Notre-Seigneur, et toujours, toujours de quelque sacrifice à faire : il n'y a pas de religion sans sacrifice. Il me semble que vous auriez compris ce langage ; je prie Notre-Seigneur de vous le faire entendre au cœur.

» Au revoir jusqu'au jeudi 16, première communion de Marguerite. »

Ce beau jour, hélas! cette fête de famille, la Mère Saint-Paul ne devait pas la célébrer sur la terre.

Le mercredi, 8 mai, elle se leva très péniblement et, quoique fort souffrante, elle voulut entendre la messe pour se préparer à sa confession hebdomadaire. Mais, à peine le Saint-Sacrifice fut-il achevé qu'elle fut forcée d'aller se reposer dans son petit local auprès des classes. Là elle donna encore à quelques élèves ses instructions pour les exercices de la journée; puis, notre Mère Supérieure l'ayant fait demander, elle s'excusa de ne pouvoir descendre. Aussitôt après, elle perdit instantanément l'usage de la parole et de ses membres, mais non son amabilité et sa bonne humeur. Transportée à l'infirmerie, son gracieux sourire était encore l'expression de ses remerciements à celles qui lui rendaient ce service. Depuis ce moment le mal fit constamment de nouveaux progrès. Consultations, remèdes, etc., tout fut inutile pour arrêter la congestion. La famille de Givenchy, prévenue à l'avance, était arrivée, tant à cause de l'état alarmant de notre chère Mère, que pour la cérémonie de première communion de sa nièce Marguerite.

Cette famille si chrétienne pressa elle-même l'administration de la malade. Le peu d'espoir de la voir recouvrer sa connaissance nous détermina nous-même à prendre cette précaution consolante et deux jours après, le septième de sa maladie, elle remit doucement son âme à Dieu, le 14 mai, emportant nos profonds regrets et laissant le vide dans tous les cœurs.

La chère défunte fut déposée dans une pièce voisine de l'infirmerie, et là, vêtue comme au jour de sa profession et couronnée de roses blanches, elle put être exposée aux regards des grandes élèves et de ses nièces qui, loin de s'émouvoir à la pensée de ce grave spectacle, venaient avec empressement prier auprès de celle dont les traits semblaient même affecter une beauté nouvelle. Toutes faisaient toucher à cette respectable dépouille leurs chapelets, médailles et autres objets de piété. Une couronne de première communion qu'elle aurait dû poser sur la tête de sa nièce fut placée dans ses mains et conservée religieusement aux parents de la jeune fille, selon le désir exprimé par son excellente Mère. « C'est parce que je savais avoir cette couronne doublement précieuse pour nous, » dit Mme Charles de Givenchy, « que j'ai donné à mon frère Henri celle qui avait été sur la tête de notre chère sœur, et que vous aviez bien voulu nous offrir comme souvenir. » Le chapelet qui avait été à son usage, après avoir appartenu à sa sœur Césarine, fut ôté de ses doigts et réservé à Mme Léon de Givenchy, notre ancienne élève, et l'on mit de côté quelques petits objets pour d'autres membres de la famille.

Ce fut le 15 mai, toujours le mercredi, qu'eut lieu la cérémonie, je n'ose dire douloureuse, des funérailles. Pour l'âme qui appartient à Dieu le jour de la mort est l'entrée dans la vie et celui de la naissance pour le ciel. Aussi les parents qui venaient unir leur douleur à la nôtre étaient-ils là calmes et résignés.

Le lendemain 16, la joie de voir à la table sainte celle des nièces de la Mère Saint-Paul dont la physionomie et les manières rappelaient le plus sa tante, vint distiller le baume des consolations divines sur l'affliction de la veille. Et, dans ce langage antique et vigoureux qu'on est si heureux d'entendre encore de nos jours, M. Charles de Givenchy, parlant à sa petite Marguerite des circonstances qui avaient précédé le plus beau jour de sa vie : « Mon enfant, » lui dit-il, « n'oublie jamais ces choses ! » Puis, se tournant vers la maîtresse qui accompagnait sa fille : « Madame, » lui dit-il, « vous en aurez deux de plus l'année prochaine. » Quelle délicatesse ! C'était comme si cet excellent père eût dit : Comptez que l'absence de ma bonne sœur n'enlèvera rien à notre confiance. Puissions-nous mériter d'élever de génération en génération les enfants de semblables familles; puisse la *tribu choisie* des Givenchy toujours grandir parmi nous et peupler longtemps notre pensionnat !

Nous ne pouvons rapporter ici les nombreux témoignages de sympathie qui nous arrivèrent à l'occasion de cette perte. L'expression des regrets nous parvint de toutes parts, et nous terminerons cette courte notice par la copie de trois ou quatre des lettres qui nous furent adressées et qu'il serait impossible de réunir ici.

Une des belles-sœurs de la Mère Saint-Paul écrit à notre Mère Supérieure :

« Chère madame et révérende mère,

» Mon cœur est trop plein de ses douloureuses émotions pour ne pas venir s'épancher un peu près de vous, qui avez été, par excellence, la mère tendre et dévouée de notre pauvre et chère sœur. Ah ! quel vide immense, sa mort laisse parmi nous, chère Madame! Elle représentait pour nous toute une famille que Dieu avait rappelée trop vite! et je ne pouvais croire jusqu'au dernier moment que, dans sa miséricorde, il ne nous laisserait pas celle qui nous semblait encore si nécessaire! Dans ces instants cruels, je savais, chère Madame et Révérende Mère, combien vous entouriez notre pauvre sœur d'un dévouement sans égal ; combien vous étiez pour elle la mère et la sœur absente ! Nous en sommes si pénétrés, qu'à tout jamais votre souvenir sera lié pour nous à celui de notre bien-aimée Mère Saint-Paul. Vous me permettrez de vous demander, Madame et Révérende Mère, de la remplacer près de nous. Je ne vous parle point de nos petites, vos bontés sont pour elles sans limites ; mais vous voudrez bien, j'en suis sûre, me permettre de vous vouer la part d'affection que j'avais pour la chère Mère Saint-Paul. Il me semble que, du haut du ciel, où j'espère qu'elle se trouve déjà, cette excellente Sœur nous adresse à vous pour toutes ces circonstances de la vie où nous cherchions près d'elle, sûrs de le trouver, une lumière, un bon conseil.

» Veuillez agréer, je vous prie, chère Madame et Révérende Mère, l'expression de mon respect, de ma profonde affection et, par-dessus tout, celle de ma reconnaissance.

» Isabelle de Givenchy. »

La lettre suivante fut adressée à notre Mère Supérieure par la mère d'une élève.

« Madame,

» Permettez-moi de vous exprimer le véritable chagrin que j'ai éprouvé de la mort de la si digne et si vénérée Mère Saint-Paul. Cet événement a été un véritable coup de foudre pour ma chère Lucie et pour moi ; nous ne pouvions y croire ! Nous savions cette bonne Mère malade, mais pas au point de quitter si vite cette terre, cette maison bénie, ces chères enfants pour lesquelles elle se montrait si bonne, si indulgente, si parfaite de tact et d'amabilité, que sans cesse j'entendais faire son éloge par nos *chers petits oiseaux !* que dire aussi des regrets des mères de famille ? Madame, ils sont des plus vifs, des plus sentis et je vous prie de vouloir bien agréer les miens. J'aurais tant désiré remercier encore du fond de mon cœur cette bonne Mère de son affection pour ma Lucie : j'aurais voulu prier près de son cercueil ; mais ses vertus, ses fatigues, son admirable dévouement lui auront ouvert les portes du Ciel, où elle priera pour ces chères enfants qui l'aimaient tant! Toutefois, notre consolation est de mêler nos prières à celles du couvent des Oiseaux, et après-demain, mercredi, la sainte Messe sera célébrée pour cette chère âme dans notre chapelle de Maison-Rouge, et nous aurons le bonheur d'y communier, ma chère Lucie et moi...

» Recevez, Madame, etc.

» I. DE GRANRUT. »

Pour donner une idée de l'impression que la Mère Saint-Paul faisait aux élèves, de leur affection reconnaissante pour cette bonne maîtresse et des regrets que sa perte leur laissa, citons une page qu'une enfant du pensionnat écrivait à la mort de cette chère défunte!

« Quel vide dans chacun de nos cœurs : le bon Dieu vient de nous demander un grand sacrifice, celui de notre bonne maîtresse générale, de Mère Saint-Paul, c'est tout dire!

» Jamais on ne pourra assez parler des vertus de cette bonne Mère! Bonne envers les mères, bonne envers les élèves; prenant part à leurs joies, à leurs douleurs; s'intéressant à tout ce qui les intéressait, ne vivant que pour leur prodiguer ses soins, sans jamais penser à ce qui aurait pu la fatiguer; bonne envers les parents et se faisant aimer de chacun. Elle se trouvait partout où sa présence était nécessaire, sans nul souci d'elle-même. Toujours même figure aimable; lui demandait-on un service, jamais on n'essuyait un refus; si elle ne pouvait satisfaire une demande, elle avait un mot gracieux ou un encouragement à donner. Allions-nous lui faire l'aveu d'un tort à l'égard d'une maîtresse, Mère Saint-Paul nous renvoyait toutes changées, avec des paroles d'encouragement, retrouver la

Mère, nous promettant d'intercéder pour nous. Une chose tout à fait édifiante chez Mère Saint-Paul, c'était sa confiance en Dieu, son abandon. Lorsque, s'étant donné beaucoup de peine, elle ne réussissait pas, elle se consolait facilement en disant que le bon Dieu, qui avait vu ses efforts, saurait bien la récompenser. Si on la rencontrait dans la maison on pouvait se dire avec assurance : « Voilà Mère Saint-Paul qui vient de rendre service. » Elle n'épargnait pas ses fatigues pour éviter de la peine aux autres. Et que n'était-elle pas pour notre bonne Maman Saint-Augustin! »

« Au milieu de ses incessantes occupations, elle était toujours affable et gracieuse; sa gaiete ne la quittait pas, mais une gaieté si aimable, que je n'ai jamais vu la mauvaise humeur d'une élève n'y pas céder. Elle avait encore le sourire sur les lèvres dix minutes avant sa maladie; oh! elle pouvait bien rire, car son âme, toujours en paix, n'était troublée d'aucun des soucis de la terre, et elle l'avait remise tout entière entre les mains de son Dieu. »

« Elle puisait cette égalité d'humeur auprès du saint Sacrement et dans la sainte Communion, qu'elle avait le bonheur de faire presque tous les jours. »

Nous avons eu la faveur de la contempler sur son lit de mort, plusieurs l'ont priée, car nous la croyions déjà en paradis. La sérénité régnait encore sur son pâle visage, et nous nous figurions entendre sortir de ses lèvres ces paroles bienveillantes : « Mes enfants, venez à moi. »

Nous confirmons ce témoignage des élèves par celui des novices confiées à la Mère Saint-Paul pendant un mois de villégiature à Issy, en 1877.

« Mes meilleurs souvenirs sur cette bonne Mère, » dit l'une d'elles, interprète de ses compagnes, « datent du temps que nous avons passé sous sa garde à Issy, pendant les vacances.

» Elle était si bonne, si gaie, si simple avec nous, qu'il semblait vraiment dans nos rapports que la distance entre elle et nous n'existait plus. C'était avec bonheur qu'elle nous parlait de son noviciat; tenant à la main son petit cahier où elle relisait les instructions du Père Varin et les bons petits mots qu'elle avait recueillis. Elle prenait plaisir à nous raconter ses souvenirs; à nous montrer ses sentences, l'image que le Père Ronsin lui avait envoyée portant le mot d'ordre pour le signal d'adieu à sa famille : « C'est immédiatement après l'avoir reçue, » nous dit-elle, « que j'ai fait mes préparatifs de départ, »

» Un jour, comme je lui rendais compte d'un petit emploi dont je m'étais mal acquittée. — « Eh bien, mon enfant, ne dites pas : Il n'y a pas de danger que je recommence, il y aurait de la présomption; mais, selon le conseil du Père Varin, il faut dire humblement à Notre-Seigneur : Mon Dieu, je vais tâcher de mieux faire. » Une autre fois, lui confiant un petit embarras pour la sainte Communion : « Je crois, » me dit-elle, « que la Mère C... vous ferait communier; voici ce que la Mère Xavier nous disait dans des cas semblables : « Allez-y l'œil bas et avec beaucoup d'humilité. »

» Elle nous recommandait de prier sans cesse pour les enfants, de les prendre par le cœur et nous donnait toujours pour nous-mêmes quelques encouragements.

» Notre Mère m'avait envoyée passer quelques jours seule à Issy près de notre bonne Mère Saint-Paul. Elle m'y reçut avec tant d'amabilité et de gaieté qu'on aurait pu croire que je venais la réjouir, au lieu de la gêner dans sa solitude. D'abord elle voulut faire ses petites conventions : « Surtout, ma petite, vous ne vous occuperez pas de moi; promenez-vous tant que vous voudrez et pas de politesse pour me tenir compagnie. » — Quelquefois elle partait avec son pliant sous le bras, marchant déjà péniblement, puis elle revenait me dire : « Allez vite à tel endroit, je vous ai trouvé du frais, vous m'en direz des nouvelles. » Elle secondait tous mes petits désirs. Comme je cherchais des noisettes pour les envoyer aux novices, elle-même se mettait en quête, regardant tous les arbres, puis, après en avoir découvert, elle poussait la complaisance jusqu'à venir les cueillir avec moi au milieu des broussailles, m'aidant à grimper, et cela en riant d'un si bon cœur que je me serais crue avec une novice à laquelle je faisais grand plaisir.

» Combien nous étions édifiées pendant sa retraite à Issy de la voir donner son meilleur temps aux visiteuses avec son affabilité ordinaire, puis, dès qu'elle le pouvait, rentrer silencieusement dans sa solitude. Aussi, nous nous disions : Comme cette bonne Mère est recueillie et unie au bon Dieu pour sortir de sa solitude si facilement et y rentrer avec son calme si doux, comme si le sacrifice ne lui eût rien coûté! Aux réflexions que nous lui fîmes à ce sujet elle répondit : « Qu'est-ce que cela me fait, dès que c'est l'obéissance? » Elle nous faisait la même réponse quand nous lui disions qu'elle devait être bien privée de ne pas faire sa retraite avec la communauté à Paris, c'est ainsi qu'elle comprenait l'excellent conseil de quitter Dieu pour Dieu, et quel bel exemple elle nous laissait de sa pratique! »

La famille de Givenchy voulut faire tirer des *souvenirs mortuaires* de la chère Mère Saint-Paul. Ils furent accueillis avec empressement par les amis et connaissances de notre regrettée défunte, auxquels on en fit une nombreuse distribution. Saint Joseph s'endormant paisiblement entre les bras de Jésus et de Marie fut choisi pour sujet de l'image, au dos de laquelle on inscrivit les paroles suivante :

Souvenez-vous devant Dieu de la

†

Mère MARIE SAINT-PAUL

Rose, Sidonie, Joseph TAFFIN de GIVENCHY

Religieuse de la Congrégation de Notre-Dame,

Chanoinesse régulière de Saint-Augustin,

au Monastère dit des Oiseaux,

86, rue de Sèvres, à Paris,

entrée dans le repos du Seigneur, le 14 Mai 1878,

la 62e année de son âge et la 34e de sa profession.

Que le Dieu d'Israël est bon à ceux qui ont le cœur droit! (Ps. LXXII.)

Celui qui, pour l'amour de moi, aura quitté son père, sa mère, ses frères, ses sœurs ou ses biens, aura le centuple en ce monde, et possédera la vie éternelle en l'autre. (S. Matthieu.)

Notre Sœur ne nous a pas été enlevée, bien que nos yeux ne l'aperçoivent plus. Elle contemple sans voile la face du Seigneur, et appelle sur nous le secours du Ciel. (S. Grégoire de Nysse.)

Venez, épouse du Christ, recevez la couronne.

Me voici, mon cœur est prêt, Seigneur. (Ps. LVI.)

Une religieuse est toujours prête à mourir.

(*Paroles de la Mère Saint-Paul.*)

Voici que j'envoie mon Ange, qui marchera devant vous et vous gardera dans toutes vos voies. (Exode.)

Elle avait toujours la sérénité au front, la grâce sur les lèvres et la bonté dans le cœur.

Doux cœur de Marie, soyez mon salut!

(300 jours d'indulg.).

TABLE DES MATIÈRES

NOTICE ABRÉGÉE

SUR LA

RÉV. MÈRE SAINT-JEAN

(STÉPHANIE GAJON)

Ce fut le 27 avril 1802 que naquit à Paris Caroline Stéphanie, fille aînée de Mme Gajon, depuis Mère Saint-Augustin, de douce et sainte mémoire. Quoique fort pieuse, Mme Gajon, imbue de certaines préventions contre les couvents, n'avait pu se défendre d'un sentiment de satisfaction lors du bouleversement des communautés en France. Elle avait même manifesté sa joie de ce que ses enfants ne pourraient ni être élevées par des religieuses, ni avoir la tentation d'embrasser l'état religieux. Pourtant, Dieu regardait dès lors avec prédilection la mère et les filles, et les disposait toutes trois à répondre successivement, avec autant de fidélité que de générosité, à la plus sainte vocation.

D'après les préjugés de Mme Gajon, il fallut des circonstances toutes particulières et les conseils influents de son respectable père, ancien jurisconsulte, pour qu'elle se décidât à faire donner quelques leçons à ses petites filles par une jeune compagne d'anciennes religieuses de notre ordre, depuis fondatrice de notre maison, la Mère Euphrasie. Celle-ci, pour remplir autant que possible son vœu d'instruction, avait peu à peu formé un petit noyau d'élèves qu'elle dirigeait dans les études et la piété, à l'aide de quelques compagnes qu'elle avait réunies.

De temps en temps, lorsque Mme Gajon était très contente de ses enfants, dont l'aînée avait sept ans et la cadette à peine trois, elle les envoyait passer une partie de la journée dans ce petit pensionnat.

Stéphanie ne voyait rien au-dessus de cette récompense et rentrait toujours chez elle pénétrée d'une nouvelle admiration, rendant compte avec enthousiasme de ce qu'elle avait vu au pensionnat. Une fois, racontant à sa mère une des heureuses journées qu'elle y avait passées : — Chez maman Euphrasie, tout est bien plus beau et bien meilleur que chez nous, dit-elle ; ici on ne sert jamais à dîner que de tout petits pois et dans de la vaisselle blanche, au lieu que chez maman Euphrasie nous mangeons de gros pois dans de belles assiettes à fleurs bleues et rouges.

Et la petite Elisa, remplie d'estime pour son aînée, s'efforçait d'approuver et d'applaudir au récit de sa sœur.

Stéphanie, devenue la Mère Saint-Jean, garda toujours dans son caractère quelque chose de cette naïveté à laquelle échappent quelquefois les choses que la prudence fait taire. Toutefois, disons-le d'avance, rien, dans ses conversations, ne fut jamais pris qu'en bonne part et ne put tirer à conséquence ni pour la maison ni pour qui que ce soit.

En 1811, lorsque Mme Gajon fut reçue comme dame pensionnaire dans la maison naissante établie par la Mère Euphrasie, ses deux filles furent placées au pensionnat, et dès lors l'éducation chrétienne commença l'œuvre de la réforme de leurs petits défauts.

On reprochait surtout à Stéphanie de la paresse, du désordre et de la dissipation, défauts tous diamétralement opposés aux qualités qui firent, dans la vie religieuse, le caractère distinctif de la Mère Saint-Jean.

Dans ses résolutions de 1813, pendant une retraite qu'elle suivit à l'âge de onze ans, elle dispose toutes les actions de sa journée avec une prévoyance et un ordre au-dessus de son âge; puis elle termine ainsi :

« En général, je me ferai une règle de ne contrarier ni ma petite sœur ni aucune de mes compagnes, et d'être plus respectueuse envers mes supérieures. Enfin, je promets à Dieu que, dans un âge plus avancé, *je me ferai religieuse.* »

Malgré ses bonnes résolutions, Stéphanie retomba fréquemment encore dans des fautes qui tenaient à son naturel et surtout à son jeune âge. C'est pourquoi les pénitences ne lui étaient pas épargnées, et la présence de Mme Gajon n'empêchait nullement qu'on eût recours aux moyens nécessaires pour travailler au changement de sa fille. Bref, fût-ce pour obtenir encore plus de résultats en bien, ou afin que l'enfant comprît mieux la grâce de la première communion et la disposer parfaitement à ce grand acte, elle n'y fut admise qu'à l'âge de quatorze ans, ce qu'elle consigne elle-même en tête de ses résolutions, dans ce beau jour, le 2 juin 1816. C'est ainsi qu'elle termine cette page édifiante : « Tous les jours je ferai une prière particulière pour connaître les desseins de Dieu sur moi ; j'espère que le bon Dieu voudra bien m'appeler *à la vie religieuse, qui est la grâce que je désire le plus ardemment et après laquelle je soupire comme le cerf altéré soupire après les eaux vives pour se désaltérer.* Toutes les fois que j'aurai le malheur de tomber dans une faute, j'irai tout de suite l'avouer, en pensant que si j'ai quelque vocation pour me consacrer à Dieu, c'est une chose que je serai obligée de faire continuellement et que j'aurai beaucoup de peine à m'y habituer si je ne m'y exerce de bonne heure. »

Un peu auparavant, elle se traçait un règlement d'une sagesse et d'une maturité au-dessus de son âge. On y remarque sa tendance à la mortification, à l'humilité et à l'amour de Notre-Seigneur. Elle veut une permission expresse pour s'approcher du poêle au mois de décembre, prêtera son aide à ses compagnes, déférant en tout à leur sentiment, fera son examen particulier en confrontant ses manquements de la veille et du jour. Pendant la visite au Saint-Sacrement : « Je m'exciterai, » dit-elle, « à l'amour de Jésus-Christ, et je formerai un vif désir de le recevoir par la très sainte Communion, à laquelle je vais tâcher de me disposer, priant le Seigneur de suppléer à mon indigence spirituelle et de se préparer lui-même une demeure dans mon âme. »

Nous ne suivrons pas Stéphanie dans les années qui s'écoulèrent entre sa première Communion et son entrée au noviciat. Pendant ce temps elle fit de jour en jour des progrès en sagesse et en science, de sorte qu'à dix-huit ans elle avait demandé son admission parmi les postulantes. On le verra cependant, ce ne fut pas sans l'effort de la lutte que la jeune fille consomma le sacrifice qu'elle avait offert à Dieu dès son enfance.

Dans l'effusion d'un cœur qui voulait se donner sans réserve à celui de Jésus, elle composa, en 1818, la prière suivante, qui fut agréée et bientôt exaucée par le bon Maître :

« O mon Dieu, que de reconnaissance ne vous dois-je pas pour tous vos bienfaits ! — Ils sont infinis à mon égard ; chaque instant de ma vie a été marqué par quelque nouveau trait de bonté de votre part. O Seigneur ! que pourrai-je donc faire pour m'acquitter envers vous de toute l'obligation que je vous ai ? Ah ! je le sens, je connais quels sont les sacrifices que vous demandez de moi ; entre les autres, j'en connais trois : Vous voulez d'abord, ô mon Dieu ! que je vous sacrifie mes défauts, mes passions ; ah ! souvent, je suis sur le moment d'y porter courageusement la main de la destruction, et malheureusement ma faiblesse m'entraîne et laisse l'ouvrage à peine commencé. O mon Dieu ! de la force : c'est la demande que je vous fais. Vous voulez encore mon cœur ; ah ! Seigneur, pourrais-je hésiter de vous le donner ? hélas ! il n'est jamais bien qu'entre vos mains. Eh bien ! Seigneur, prenez-le, corrigez-le, mettez-y la ressemblance du vôtre ; faites qu'il vous soit consacré, et pour terminer, en vous offrant le troisième sacrifice que vous me demandez, faites-moi la grâce, ô mon Dieu! malgré toutes les répugnances de la nature, de dire un adieu éternel au monde en m'enfermant dans votre Sacré Cœur, et ayant le bonheur d'être au nombre de vos épouses.

» Stéphanie, ce 1er octobre, après trois mois de vocation. »

Toutefois, malgré ses désirs manifestés, on ne voulut permettre à l'aspirante le premier pas vers la vie religieuse qu'après lui avoir au moins fait entrevoir le monde. On s'occupa même d'un établissement qui devait flatter la jeune Stéphanie. Mais son cœur était à Dieu dès son bas âge, et elle ne fit que sourire à la proposition avantageuse qui fut faite à sa mère de la part d'une noble famille.

Enfin, elle fut admise au postulat en 1819. Après le temps de ce premier essai, elle fut reçue novice, quoiqu'elle n'eût pas encore atteint dix-neuf ans, et on lui donna pour patron l'apôtre bien-aimé.

Le physique de la Sœur Saint-Jean était celui d'une belle personne. A la régularité des traits se joignait sur son visage l'expression d'une simplicité gracieuse et naïve, et sur son front semblait rayonner la sérénité et l'innocence. Sans que jamais elle s'en doutât, elle attirait les regards et fixait l'attention. Pourtant, le jour de sa prise d'habit elle s'aperçut que l'on avait particulièrement jeté les yeux sur elle :

— Pourquoi m'a-t-on tant regardée? dit-elle naïvement à une de ses compagnes; j'avais donc quelque chose de bien extraordinaire dans ma toilette?

Un autre jour, ayant eu besoin de traverser la salle de réception avec la Mère Raphaël :

— Ah! dit quelqu'un du dehors, en employant le langage du monde, quel dommage que de si jolies personnes se soient faites religieuses!

On trouvait surtout que le visage de la Sœur Saint-Jean avait tant de limpidité et de transparence, qu'il semblait mettre à découvert l'ingénuité et la candeur de son âme.

Comme il avait été décidé que la Sœur Saint-Jean ne prononcerait ses vœux qu'à sa majorité, elle fut deux ans novice; et, d'après le témoignage des trop rares anciennes qui l'ont connue en ces débuts de sa vie religieuse, elle avait quelque chose de si ouvert et de si affable que déjà elle s'attirait tous les cœurs. Dès qu'elle voyait une de ses Sœurs chagrine ou tentée de s'isoler, elle s'en approchait, lui parlait avec amitié, et s'attachait toujours de préférence à celles qui lui semblaient un peu plus délaissées.

Dans ces commencements de maison, les religieuses faisaient elles-mêmes, autant que possible, les fonctions d'ouvriers, et s'exerçaient à tous les genres de travaux. Lorsqu'il était question de les exécuter, personne ne se présentait avec plus de joie et d'empressement que la Sœur Saint-Jean, qui cherchait toujours de préférence à se rendre utile en qualité de manœuvre.

C'est à cette première école de travail et d'économie qu'elle puisa l'esprit de pauvreté, dont elle fut parmi nous un parfait modèle jusqu'à sa mort.

Admise à la profession religieuse le 27 mai 1822, la Sœur Saint-Jean entra immédiatement dans cette vie de régularité et de dévouement qu'elle n'interrompit jamais, et l'on sait avec quel zèle elle remplit la charge de maîtresse de classe, comment elle forma des élèves si capables de lui succéder, et avec quelle générosité elle remit plus tard ces fonctions qu'elle aimait, dès que l'obéissance l'appela à exercer d'autres emplois.

La communauté fut cependant menacée de la perdre bien jeune encore, par suite d'un dépôt qui nécessita plusieurs opérations dangereuses et la retint un temps considérable à l'infirmerie.

C'est dans ces moments d'épreuves et de souffrance que la chère malade écrit ce qui suit :

« Quelque peine que je souffre, je ne me plaindrai à qui que ce soit; je tâcherai de n'en rien faire paraître à l'extérieur; je penserai à mes péchés, surtout aux sept années passées en religion sans m'être tournée du côté de Dieu; je penserai encore que N.-S. est toujours avec moi, et que rien ne peut me l'ôter, à moins que je m'en sépare moi-même par le péché; je le considérerai au jardin des Olives, et je dirai comme lui : « Mon Père, que ma volonté ne s'accomplisse pas, mais la vôtre; » ou bien : *Deus in adjutorium meum intende... Divin Cœur de Jésus, Cœur immaculé de Marie, ayez pitié de moi.* »

Nous n'avions presque plus d'espoir de conserver à notre famille religieuse ce précieux sujet, lorsque vint la pensée de demander une neuvaine pour son rétablissement au prince de Hohenlohe, alors célèbre par les guérisons miraculeuses qu'obtenaient ses ferventes prières. Voici, à cette occasion, la lettre qu'écrit le Père R... à la Sœur Saint-Jean :

« Humble et vive confiance, ma fille, au Cœur de Jésus, à qui soient à jamais, par le Cœur de Marie, honneur, gloire et amour !

» Il convient que je m'occupe spécialement de

vous aujourd'hui, où nous commençons, de concert avec le prince Hohenlohe, une neuvaine pour notre intéressante malade, bien résignée à tout événement, et *dont la guérison, du reste, serait évidemment miraculeuse*. Je demande pour vous, ma chère enfant, cette patience qui, selon saint Jacques, donne la perfection à nos œuvres, et cette entière conformité à la volonté de Dieu, qui, surtout en maladie, est une source si abondante de consolations et de mérites. N.-S. veut régner en nous par sa grâce et son amour, et nous associer à ce bienheureux règne. Or, le trône de ce divin Roi dans nos cœurs ici-bas, c'est sa croix entourée d'épines, comme en l'autre vie ce sera cette même croix couverte de diamants et toute resplendissante de gloire. Que conclure de là, mon enfant? Que c'est pour nous un bonheur insigne d'être crucifié en ce monde avec J.-C., puisque c'est commencer à régner dans le temps avec mérite pour régner avec gloire, à titre de récompense, dans l'éternité bienheureuse. Disons donc avec l'Apôtre : « *A Dieu ne plaise que je me glorifie* (ajoutons : que je me réjouisse, que je me repose, que je me confie) *en quelque autre chose que dans la croix de J.-C. N.-S., par qui j'ai été crucifié au monde, comme le monde a été crucifié pour moi.* » Patience, mon enfant, et joyeuse patience. Si Dieu vous guérit corporellement, qu'il en soit béni ; nous chanterons l'*Alleluia* avec votre bonne Mère. Sinon, nous le prions, avec la confiance d'être exaucés, de vous guérir spirituellement, et nous dirons, avec une joie *superfine*, comme pour notre chère Victorine : *Deo gratias*. Et bon gré mal gré, il faudra bien encore que votre pauvre Mère fasse chorus avec nous. Enfanter sa fille aînée à l'immortalité bienheureuse, si c'est un malheur, on peut s'en consoler... C'est à vous en particulier que Notre-Seigneur adresse, dans le mystère de la Présentation, ces paroles si propres à enflammer votre cœur du désir de l'imiter : *Mon sacrifice est consommé par la mort de la croix.* A votre tour, ma fille, mon épouse. — Oui, mon Sauveur, mon Amour... *Fiat.* »

La neuvaine eut un résultat naturellement inespéré, et les saintes prières du prince obtinrent de la bonté divine une entière guérison.

« Mon Dieu, je vous remercie de m'avoir rappelée à la vie, » écrit, dans l'effusion de sa reconnaissance, cette religieuse fidèle, qui devait si laborieusement encore se dévouer à notre œuvre et survivre à sa mère et à sa jeune sœur. « Je le vois, il n'est pas temps de se reposer ; il faut travailler, faire pénitence : c'est ce que je me propose, ô mon Dieu ; aidez ma bonne volonté, faites-moi triompher de ma lâcheté ; que je ne m'épargne pas à votre service ; surtout, donnez-moi un grand amour de votre Sacré-Cœur et du Cœur immaculé de Marie. Que je mette toute mon étude à pratiquer la douceur et l'humilité à leur exemple. » Puis, comme pour s'exprimer plus énergiquement, elle emprunte la langue de l'Eglise :

Collaudamus desperantes
Omnes cœli principes
Sed præcipue fidelem
Medicum et comitem
In virtute Raphaëlem
Alligantem dæmonem

Voici à peu près la traduction de ce latin rimé, que la reconnaissance avait inspiré à la Mère Saint-Jean, devenue convalescente : « Nous qui n'avions plus d'espoir, louons ensemble tous les princes du ciel ; mais surtout le prince Raphaël, fidèle compagnon et médecin, dont la vertu toute-puissante a lié le démon. »

Aussitôt guérie, la Mère Saint-Jean annonça la bonne nouvelle au Père R..., qui lui fit la réponse suivante :

« Grâce et Gloire aux Sacrés-Cœurs de Jésus et de Marie !

» C'est donc ainsi que vous nous trompez, ma chère fille ; j'écris à votre bonne mère, en partie pour la préparer à votre départ, et vous différez indéfiniment votre voyage... Dieu soit loué ! Il a en cela ses desseins ; desseins de miséricorde sur vous, et, avec sa grâce, vous l'aiderez à les accomplir. Dans votre état d'épuisement et d'anéantissement physique, vous avez dit avec le Roi-Prophète : *Seigneur, je suis devenue comme une bête de somme devant vous, et je suis toujours avec vous*... Vous ajouterez avec lui : *Je suis ressuscitée, et je suis encore avec vous.* Puis vous le prouverez par votre conduite. Vous allez faire l'œuvre d'une personne ressuscitée ; votre vie ne sera plus qu'un acte continuel de reconnaissance, d'amour, de dévouement à Dieu, en un mot qu'union perpétuelle et effective avec le Sacré-Cœur de Jésus, qui a dit à Dieu, son Père, par son prophète : *Je suis votre serviteur ;* et, avec le Cœur immaculé de Marie, sa servante par excellence. »

Notre chère Sœur reprit en effet ses travaux avec un zèle qui n'avait d'égal que sa régularité. D'après ses occupations, elle fixait l'emploi de son temps et n'y laissait aucun vide. On pourra en juger par un ordre de journée qu'elle avait mis par écrit, et qu'elle conservait respectueusement, parce qu'il était annoté par notre vénérée Mère Sophie (1).

(1) RÈGLEMENT.

6 *heures*. Préparer ma classe.

6 *heures* 1/2. Office, Messe.

8 *heures*. Travail à l'aiguille.

9 *heures*. Classe.

10 *heures* 1/2. Récréation.

10 *heures* 3/4. Travail à l'aiguille ou correction des compositions.

11 *heures* 1/2. Office.

Midi. Dîner, servir le second réfectoire.

1 *heure* 1/2. Vêpres, visite au Saint-Sacrement.

2 *heures*. Lecture spirituelle.

2 *heures* 1/2. Travail au petit cours.

4 *heures*. Travail aux externes.

5 *heures*. Classe, Oraison, souper, servir le deuxième réfectoire, visiter les pupitres des élèves.

7 *heures* 1/2. Récréation.

A cet ordre du jour, notre Mère Sophie ajouta de sa main la note suivante :

« Très bien. Un règlement donne le temps de faire beaucoup de choses et de les mieux faire ; mais souvenez-vous qu'il faut quitter Dieu pour Dieu quand les circonstances le commandent. Trop d'attache, de ténacité et une exactitude minutieuse rétrécissent l'esprit et nuisent à la charité. Comment alors procurer la gloire de Jésus et de Marie, qui attendent de nous ce tribut pour toutes les grâces dont

On a dit et redit de la Mère Saint-Jean qu'elle était *une règle vivante*. Toutefois, on n'a pu savoir jusqu'à quel degré elle portait l'observation ponctuelle du moindre de ses articles. La règle était comme un flambeau qui la guidait sans cesse, comme une loi dont elle ne s'écartait jamais. Répétant souvent : « C'est sur la règle que nous serons jugées, » elle suivait toutes ses prescriptions sans regarder ce que d'autres faisaient. Inutile de rappeler qu'elle arrivait la première à tous les exercices de communauté. Aux offices elle devançait également toutes les religieuses et c'était particulièrement au chœur une véritable *Chanoinesse régulière*.

En dehors de la vie ordinaire, nous pourrions citer plusieurs actes d'obéissance à la règle, surprenants aux regards de ceux qui n'ont pas cette confiance aveugle des âmes simples et droites, qui, sans nulle inquiétude, comptent toujours sur la protection de Dieu et ne s'occupent que de lui être fidèles.

En 1848, la chambre à coucher de la Mère Saint-Jean se trouvait dans un pavillon situé à l'angle

ils nous comblent? Chaque jour, à leur exemple, soyez douce et humble de cœur, c'est là la règle du Maître, qu'il ne faut jamais enfreindre. »

de la salle de communauté, et placé en vedette directement sur le boulevard des Invalides. Or, les héros de cette époque trouvèrent l'emplacement fort convenable pour la décharge des armes qu'ils avaient à discrétion, et pendant toute une nuit ils brûlèrent sous nos fenêtres la poudre qu'ils avaient emmagasinée, sans que l'on pût savoir, aux environs, où aboutiraient les projectiles meurtriers lancés çà et là au hasard par les vainqueurs. Le lendemain, comme on se parlait de cette nuit pleine d'anxiété, pendant laquelle personne n'avait pu fermer l'œil : « Pour moi, » dit la Mère Saint-Jean, « j'ai dormi *comme à l'ordinaire.* » « Comment cela vous a-t-il été possible, chère Mère ? » lui dit quelqu'une.

— *C'était la règle, et j'ai dormi*, reprit la Mère Saint-Jean avec une placidité dont les plus calmes demeurèrent stupéfaits.

Nous avons vu, dans son ordre du jour, qu'elle faisait aux petites élèves le cours de travail à l'aiguille. Voulant captiver ces jeunes enfants par une lecture à la fois instructive et amusante, elle avait songé à leur faire lire l'*Ami des enfants*. Pourtant, trouvant avec raison que l'ouvrage n'est pas tout à fait irréprochable, elle le remania entièrement, tant pour le mettre à la portée de ses petites élèves que pour en faire disparaître les défauts. Elle y ajouta donc de beaux exemples de morale religieuse et d'intéressantes histoires où il était grandement question de la sainte Vierge et des saints, et cette laborieuse maîtresse, corrigeant ainsi tout l'ouvrage, recueillit jusqu'à quinze cahiers, assez considérables pour former autant de petits in-12. Mais, comme cette humble religieuse ne faisait aucune estime de son travail, elle le composa en entier sur des enveloppes de lettres où cependant une écriture très propre permet de le lire avec facilité. Ce manuscrit, dont la seule vue est une leçon, ayant été remis à notre regrettée Mère Marie-Anne, celle-ci le confia au relieur et les quinze cahiers sont encore de service et demeurent là pour attester un fait de dévouement, de travail et de pauvreté.

Notre chère Mère, du reste, profitait de tout pour s'avancer de plus en plus dans la perfection, et nous avons remarqué que parmi tant de religieuses ferventes dont nous nous sommes longtemps édifié, la Mère Saint-Jean fut une de celles en qui l'on put constater des progrès toujours sensibles.

En 1842, nous perdîmes la bonne Mère Saint-Augustin, et ses deux filles ressentirent vivement cette séparation.

Quand cette bonne Mère, déjà faible et infirme,

se retirait après la prière du soir, Mère Saint-Jean l'observait silencieusement. Ordinairement une religieuse s'empressait d'offrir son bras à la vénérable Mère et alors Mère Saint-Jean s'effaçait. Si le bon office se faisait attendre, elle se hâtait d'accomplir le devoir de la piété filiale et s'avançait pour soutenir et guider elle-même les pas de sa bonne Mère.

Le Père R... écrit aux deux sœurs, après la mort de leur excellente Mère :

« Celle à qui vous devez le plus, mes chères enfants, après Dieu, est arrivée à lui. Marchez, courez, volez dans la voie qu'elle a suivie et qu'elle vous a frayée par ses exemples, sur les traces du souverain modèle, J.-C. N.-S., votre commun et divin Epoux. Puisez votre consolation à la véritable source qui vous est connue, les Sacrés et tout aimables Cœurs de Jésus et de Marie. Allez-y sans cesse avec la plus tendre piété et la plus vive confiance, bien assurées d'y trouver paix, courage, constance, enfin amour pratique de la croix. *Fiat!* A Dieu donc, et toujours à Dieu, chères enfants de la plus digne des Mères! »

De ces deux enfants qui survécurent à leur Mère, la plus jeune fut enlevée quelques années plus tard, et la Mère Saint-Jean eut encore à verser des larmes bien douloureuses sur la mort prématurée de notre chère Sœur Euphrasie, humble et vertueuse sainte, dont le départ pour le ciel laissa moins de regrets à la terre à cause des menaces politiques et des sombres prévisions de l'avenir.

Voici comment la Mère Saint-Jean racontait le pressentiment qu'elle eut de la mort de cette Sœur chérie. « Un jour, après la sainte Communion, je répétais avec reconnaissance ces paroles : *Quid retribuam Domino?* et je cherchais quel sacrifice offrir au Seigneur. — Mes regards tombèrent alors sur Sœur Euphrasie, agenouillée tout près de moi. Et j'entendis au fond de mon cœur comme une réponse : « *Le sacrifice, le voilà.* » Quelques jours après, Sœur Euphrasie entrait à l'infirmerie pour y mourir, et je ne tardai pas à reconnaître la réalité de mon pressentiment. »

Revenons à la Mère Saint-Jean. Tous les dimanches elle récitait le rosaire pour sa Mère défunte, et pendant ses dernières années elle passait dans ce même jour une heure à la chapelle, en l'honneur de saint Jean, à cause de la grande vision de l'Apocalypse qu'il eut, *in die dominica*, dans l'île de Pathmos.

En 1844, notre chère Mère, elle-même, était retombée malade, et dans cette épreuve le Père R..., qui devait bientôt quitter la terre, lui adressa pour la dernière fois, quelques paroles d'encouragement et de consolation.

« Fourvières, 7 mai 1844.

» Gloire, amour et dévouement aux Sacrés Cœurs de Jésus et de Marie

» Eh bien! bonne Mère Saint-Jean, ma chère fille, vous voilà donc clouée sur la croix, disant, je n'en doute pas, *Deo gratias;* sinon avec saint François Xavier, *Amplius Domine, amplius.* Ah! mon enfant, mettez bien à profit ce temps si précieux qui compte double, comme le service militaire au soldat en temps de guerre, pour ne pas dire au centuple. Fixez les yeux sur Jésus crucifié, notre modèle, notre espérance, notre amour. Cette vue vous consolera, ranimera votre courage et vous fera sortir victorieuse du combat, pour recevoir au Ciel la couronne de gloire, que rien ne pourra vous ravir. Courage donc et confiance; *sursum corda.* Le temps passe, et l'éternité approche avec ses délices immortelles. »

Bien qu'elle finit par se remettre de cette maladie, la Mère Saint-Jean ne cessa pas depuis lors d'être constamment valétudinaire. Malgré cette faible santé elle conserva toute son énergie pour suivre en tout la communauté. Jamais rien de particulier pour la nourriture, et, d'une sobriété remarquable, elle trouvait moyen de se mortifier dans ses repas sans attirer l'attention de personne et sans faire paraître rien de singulier aux yeux de ses Sœurs.

A la vie commune, qu'elle regardait comme la pénitence essentielle, elle avait la dévotion de joindre plusieurs pratiques particulières, qu'elle ne manquait pas de soumettre à l'obéissance.

Elle portait aussi constamment au fond du cœur ce sentiment de componction qui plaît assez à Dieu pour faire disparaître à ses yeux les taches de nos fautes journalières. C'est pourquoi nous avons l'intime conviction que notre chère Mère conserva une très grande pureté de cœur, par ses efforts et sa vigilance, et qu'elle dût parvenir également, par une prière non interrompue, à l'union continuelle avec Notre-Seigneur : « Mon regret de mes offenses envers Dieu, » écrivait-elle dans ses notes, « doit avoir pour objet ce bon Dieu, avant toute considération personnelle. Ne permettez pas, Seigneur, en me perdant, que je rende inutiles toutes vos peines et votre sainte passion. »

Elle avait le talent de transformer ses études les plus arides en sujets de méditation. Une fois le seul mot grec *lithostrotos* lui fournit un texte suffisant pour développer les pensées d'une oraison *très pratique*.

Ne faut-il pas avoir la plénitude du don de science pour s'élever ainsi jusqu'à Dieu par la vue de tous ces objets créés qui ne servent souvent qu'à nous arrêter sur la terre par les distractions qu'ils nous occasionnent ?

La Mère Saint-Jean avait toujours beaucoup lu et étudié, elle savait assez d'allemand, d'anglais et d'espagnol pour être, par la lecture, au courant du sujet d'une correspondance. Comme elle mettait en réserve, dans son excellente mémoire, tout ce qu'elle avait appris, c'était pour nous un dictionnaire vivant et universel. Donc, au lieu de se donner la peine de recourir au livre, le plus souvent on allait à elle se renseigner sur ce que l'on ne savait pas, depuis l'orthographe jusqu'aux rubriques de l'office.

Voici quelques résolutions que nous trouvons sur des feuilles de carnet dont on nous a remis les lambeaux : « Me recueillir et veiller sur moi. — Parler bas, surtout ne pas m'empresser. — M'unir dans chaque action, autant que possible, au Sacré Cœur de Jésus. *Ne permittas me separari a te.* — 1872. *Confiance* que mon cœur ne se trouble point. — Que je sois toujours pour l'autorité. — Contre l'activité naturelle : attendre un peu avant de parler et d'agir. — Secouer la poussière après les parloirs et communications avec le monde. »

Ce n'était pas de la poussière, mais des mérites que la Mère Saint-Jean rapportait des parloirs. Outre la visite de la correspondance des élèves et les examens des nouvelles entrées, elle avait la fonction de surveillante des salles, et les personnes du dehors étaient tellement habituées à l'y voir à son modeste poste, raccommodant d'ordinaire les bas de la communauté, que son absence y fait défaut encore aujourd'hui, tant on était charmé de son gracieux accueil et de ses paroles bienveillantes : « Vous ne sauriez croire, » répétèrent longtemps les parents des élèves, « combien nous manque cette bonne religieuse, si aimable dans sa simplicité, que nous voyions toujours occupée à prier ou à travailler, à la petite place qu'elle avait adoptée et où elle laisse un si grand vide ! » Les étrangers ne la gênaient en rien dans son recueillement. Aussi se trouvait-elle en parfaite solitude dans ce coin de parloir dont elle s'était fait une espèce de cellule. Tout le monde était à l'aise avec elle, comme elle aussi était à l'aise avec tout le monde. Au général D..., elle demandait l'heure précise. Elle priait Mlle X... de lui enfiler son aiguille. Les petits enfants s'emparaient de son panier, le vidaient, lui mêlaient son fil, escaladaient sa chaise, etc. ; tout leur tintamare et bien d'autres choses ne troublaient en rien la chère Mère, qui recevait avec la même aménité tous ces bénéfices de l'obédience dans ce parloir où elle a donné tant d'édification! La lettre suivante, adressée à notre Mère par le père de deux anciennes élèves, en est un témoignage :

« Ma Révérende Mère,

» En apprenant, mes filles et moi, la mort de votre chère et vénérée Mère Saint-Jean, nous avons pris une véritable part à vos regrets et à la douleur de cette séparation. Nous avons prié pour cette sainte âme, et je puis vous dire que c'est avec un sentiment intime de consolation et d'espérance de son bonheur éternel. Quels exemples de vertu n'a-t-elle pas laissés à tous, dans le cours de cette belle et longue vie passée dans le cloître! Entrée, comme Marie, dans la maison de Dieu dès les premières années de son enfance, sous les auspices d'une mère chrétienne qui lui avait frayé elle-même le chemin du sanctuaire, elle y fut fidèle à sa vocation et remplit avec zèle, intelligence et dévouement les diverses fonctions que lui offrit la sainte obéissance. Comme elle nous édifiait tous, parents et élèves, par son affabilité, son humble modestie et son recueillement! Ses mains étaient toujours occupées à quelque ouvrage utile au prochain, et ses yeux et son esprit appliqués à la lecture et à la méditation des saintes Ecritures. Pour moi, Madame la Supérieure, je conserverai toute ma vie un précieux et consolant souvenir de ses pieuses et aimables qualités, et je ne sais par quelles louanges exprimer mon admiration pour cette chère Mère. Quelle repose donc en paix, ou plutôt que, déjà entrée dans la joie de son Seigneur, elle soit couronnée de gloire et récompensée éternellement de son humilité et des œuvres cachées de sa charité ! »

En 1870, à la nouvelle de l'envahissement de Paris, la Mère Saint-Jean fut envoyée à Rennes avec dix compagnes d'exil. Les onze voyageuses furent empilées dans le même wagon, et les tristes conditions du transport n'interrompirent en rien les exercices que notre bonne Mère faisait tout haut et en commun avec une exacte ponctualité. Le voyage s'étant effectué de nuit, à la lumière d'une des veilleuses du train, cette chère Mère essaya de l'éteindre dès l'aube du jour, afin de ne pas manquer à la sainte pauvreté, en laissant brûler inutilement du gaz ; sur quoi on lui fit observer, en riant, que cette charge regardait les employés du chemin de fer. — A peine fut-elle arrivée chez les dames de Saint-Thomas, nos hôtesses, qu'elle alla s'installer à la lingerie et se fit donner tous les bas de la communauté, afin de les raccommoder et de continuer ainsi l'humble emploi qu'elle se plaisait le plus à exercer à Paris. Elle laissa dans cette maison, ainsi que partout, le souvenir de son amabilité et le parfum de ses vertus.

Comme on ne pouvait prévoir l'issue des événements politiques, elle profita de la facilité qu'elle eut dans la retraite de l'exil pour faire une confession générale : « J'ai repassé mes péchés, » dit-elle, « dans l'amertume de mon âme ; on ne sait pas s'il sera possible de le faire à la mort. »

Deux ans après, le 22 juin 1872, ce fut une joie pour nous de célébrer le cinquantième anniversaire de la profession religieuse de cette vénérable Mère. On lui laissa le plaisir de choisir elle-même les morceaux de chant qu'elle préférait. Elle désigna le *Quam dilecta*, et pour cantique d'actions de grâces : *Je l'ai trouvé, le seul objet que j'aime.* Selon son désir, la messe fut célébrée par le neveu du Père Loriquet, le Père Aubert, qui nous fit un pieuse instruction, dont voici la substance :

« C'est avec bonheur, » dit-il, « qu'après tant d'événements et de tourmentes révolutionnaires, je me retrouve dans cette famille pour y redire avec vous cette parole si réelle : *Mon joug est doux et mon fardeau léger.* Notre bonne Mère

Saint-Jean en fait l'expérience, et, après cinquante années de profession religieuse, elle se trouve aussi joyeuse de prendre le joug du bon Maître, et aussi heureuse de porter son fardeau. Ce joug et ce fardeau, c'est, dans la vie religieuse, la *règle* et le *support mutuel* qu'une âme droite, simple et fervente sait porter avec allégresse. Dans une communauté, il faut non seulement des Stanislas, des Berchmans qui s'envolent au Paradis dans la fleur de la jeunesse, mais il faut surtout des Canisius et des Bellarmins qui, par leurs exemples, unissent dans un même esprit le passé, le présent et l'avenir. Ce jour est un jour précieux non seulement pour la terre, mais pour le ciel, où votre bonne Mère Sophie doit se réjouir de cette fête de famille sur laquelle Notre-Seigneur répand toutes ses bénédictions. »

Le pensionnat, pour lequel la chère Mère s'était constamment dévouée, devait aussi participer à cette belle fête. On organisa donc une petite scène, dont la vénérable jubilaire fut l'objet. Au milieu d'une réunion solennelle, on la vit entrer escortée par des anges en forme humaine, parmi lesquels figurait sa petite cousine au nombre des élèves.

Le cortège entra en chantant :

Pour fêter votre cinquantaine
Les Anges nous prêtent leurs voix
Et pour vous, soyez-en certaine,
Tous ils redisent à la fois :
Ah ! mille fois, oui, que Dieu la bénisse
Pour le passé dont il a les secrets...
Que le présent aussi se réjouisse
Pour cinquante ans qu'on n'oubliera jamais.

Les enfants firent délicatement l'éloge de la bonne Mère, rappelèrent son dévouement, sa régularité, sa rare instruction, sa mémoire extraordinaire ; puis, après les petits présents d'usage, dont une grande partie devaient se transformer en aumônes, on termina par un chant d'actions de grâces, et notre supérieur, M. l'abbé Bayle, voulut lui-même recevoir la rénovation des vœux.

« Il y a harmonie, » nous dit-il, « entre la fête de la sainte Trinité et la touchante cérémonie que nous voyons s'accomplir en ce jour. L'idée qui domine dans ce mystère de la sainte Trinité des personnes dans l'unité de nature, c'est l'union. Le christianisme seul unit les cœurs. Les méchants s'associent, mais ne sauraient s'unir par le cœur. La vie religieuse, au contraire, est la vie d'union par excellence, l'aspiration continuelle à l'union divine, le tableau de l'union la plus réelle ici-bas. Pendant ces cinquante années qui viennent de s'écouler, vous en avez fait, ma Mère, la plus douce expérience. En renonçant à la famille de la terre, vous en avez trouvé une autre où vous avez été entourée de nombreuses Mères, Sœurs et enfants qui vous ont voué constamment la tendresse, l'affection et le respect. Cette famille, vous l'avez vue grandir, prospérer et aujourd'hui elle s'unit à vous pour remercier Dieu des bienfaits dont il vous a comblée. »

Depuis ce moment jusqu'à sa mort, la chère Mère Saint-Jean continua sa vie de recueillement et d'union à Dieu. Selon son attrait, elle fixait son attention par le récit de certaines prières vocales et particulièrement de chapelets pour les vivants et pour les morts. Elle était, du reste, tellement avancée dans la perfection, qu'elle ne trouvait plus à se reprocher « que de n'avoir pas, » disait-elle, « édifié le prochain. »

Enfin, cette carrière si bien remplie touchait à son terme. La Mère Saint-Jean, déjà à l'infirmerie, avait pour compagne de chambre la Mère Adrienne, dont l'état ne laissait plus d'espoir, et bientôt après, à ces deux sacrifices imposés par le Ciel, vient s'ajouter pour nous la prévision d'un troisième : celui de notre jeune sœur Stanislas, atteinte de la maladie qui nous avait ravi Sœur Adélaïde, son aînée.

Circonstance unique dans nos annales, on administra trois religieuses dans la même cérémonie. Comprenant tout ce qu'avait de douloureux cette annonce d'une triple séparation et l'impresion que pouvait en éprouver les malades, la Mère Saint-Jean s'efforçait d'égayer et d'encourager ses compagnes : « Nous avons fait la cène avec Notre-Seigneur, » leur dit-elle, « et nous sommes les trois apôtres Pierre, Jacques et Jean. Sœur Stanislas sera Pierre ; Sœur Adrienne, Jacques ; et moi, Jean ; je conserve mon nom et je partirai la première. On recueille avec soin les paroles des personnes administrées, « ajouta-t-elle, « parce qu'elles disent de belles choses pour l'instruction des autres ; sur moi il n'y a rien à recueillir ; je ne sais rien dire. »

Nous avions mieux que des paroles à recueillir, nous avions des exemples.

Jusqu'à la veille de sa mort elle récita son office. Le matin même du 7 juillet, deux ou trois heures avant de quitter la terre, elle s'inquiéta de ce qu'elle n'avait pas dit Prime. Notre Bienheureux Père vint la chercher avant None, afin de la présenter à Notre-Seigneur.

Ne devait-elle pas être elle-même offerte à

notre saint fondateur au jour de sa fête, comme un bouquet très agréable, cette digne fille de la Congrégation de Notre-Dame, si constante observatrice de notre sainte règle! Simple avec la mort, elle accomplit cet acte suprême comme tous ceux de sa vie, c'est-à-dire sans s'étonner, trouvant tout naturel de mourir à son tour. Elle n'avait passé qu'une nuit sans sommeil avant le jour où elle s'endormit dans la paix pour aller entendre de la bouche du Bon Maître ces paroles : « Venez, fidèle servante, entrez dans la joie de votre Seigneur et réunissez-vous pour l'éternité à votre chère Mère, à votre bien-aimée Sœur et à toute votre famille religieuse.

Les parents de la Mère Saint-Jean auraient bien voulu avoir quelque souvenir de cette chère défunte. On eut beaucoup de peine à satisfaire leur désir, tant elle pratiquait la perfection de la sainte pauvreté ; on ne trouva pas même une image dans ses bréviaires, et il fallut leur offrir son chapelet, son paroissien et d'autres objets, dont l'usage lui avait été tout à fait indispensable.

Vos exemples et vos prières, ô très regrettée Mère, c'est ce que vous nous avez laissé de plus précieux. Puissions-nous toutes marcher sur vos traces!

FIN.